지리학 삼부자의 중국 지리 답사기

지리학 삼부자의
중국 지리 답사기 하

문명의 요람에서 타클라마칸 사막까지

서무송 · 서인명 · 서원명

지리학 삼부자의 중국 지리 답사기 (하)
– 문명의 요람에서 타클라마칸 사막까지

초판 1쇄 발행 : 2004년 7월 20일
초판 3쇄 발행 : 2009년 5월 25일

지은이 : 서무송, 서인명, 서원명
펴낸이 : 김선기
펴낸곳 : 주식회사 푸른길
등   록 : 1996년 4월 12일(제16-1292호)
주   소 : 서울시 서초구 방배동 1001-9 우진빌딩 3층
전   화 : 523-2009 팩스 : 523-2951
e-mail : pur456@kornet.net
홈페이지 : www.purungil.com

값 : 18,000원
ISBN : 978-89-87691-46-2 03990
       978-89-87691-48-0 (하권)

이 책에는

이 책은 제목 그대로 지리학을 전공한 세 부자가 중국 대륙을 10여 년간에 걸쳐 두 발로 걸어 답사한 내용을 기록한 것이다. 저자들이 주로 관심을 가진 지형적인 부분뿐만 아니라 중국인들의 일상적인 생활 모습까지 그들과 직접 부딪히며 얻은 내용과 느낌을 담고 있어 더 의미가 있다.

처음 답사를 시작한 때는 중국과 우리 나라가 수교가 없던 때였다. 그리고 모두 7차례의 여행이 이루어졌다. 그래서 이 책은 10여 년 전의 중국 모습에서부터 근래의 중국의 변화까지 모두 담고 있다. 다소 시간적인 연속성이 없는 듯하지만 과거와 현재가 공존하는 중국의 현실을 보는 듯한 독특함을 느끼게 된다.

한편 이 책에는 그 동안의 답사와 연구를 통해서 얻은 성과를 '리포트' 라는 이름으로 소개하고 있다. 그 중에서도 특히 '잃어버린 땅' 녹둔도에 대한 리포트는 서무송 선생님이 가장 자부심을 갖고 발표하는 내용이다. 우리 나라에서는 아직 이에 대한 연구가 본격화되지 않았지만 이를 계기로 활발해지지 않을까 생각된다.

이 책을 쓰신 서무송 선생님의 가족은 우리 나라에서는 유일무이한 지리학 가족이라고 할 수 있다. 간도 지방에서 태어나 두만강 사구 지대를 보며 꿈을 키우게 된 대표저자 서무송 선생님은 지리학에 대한 애정과 열정이 누구보다도 높으신 분이다. 이 책의 공동 저자인 두 아들, 며느리 이외에도 손주 등도 지리학에 몸담고 있다. 특히 서원명 선생님은 지리교육연구회 지평의 회장을 비롯해 경기지리교육연구회 이사를 맡고 있는 등 지리 교육을 위해 활발히 활동하고 있다.

일흔을 넘기신 서무송 선생님의 경우는 물론이고 아들과 손주들도 주말이든 방학이든 간에 약간의 시간과 여유만 있다면 우리 나라는 물론이고 세계 지리를 익히기 위해 배낭을 꾸려 떠난다. 지리학의 학문적 위상이 다른 나라들에 비해 매우 낮고 일반인들의 인식 또한 미미한 수준에서 이들 가족의 지리학에 대한 정열과 사랑에 탐복하지 않을 수 없으며 이런 가족이 있는 한 한국 지리학의 미래는 매우 밝아 보인다. 여러분도 이 책을 통해 지리와 좀더 친숙해졌으면 하는 바람이다.

머리말

지구상에서 땅덩어리가 큰 나라들을 보면 러시아, 캐나다, 중국, 미국, 브라질 순으로 중국은 세계에서 세 번째로 넓은 나라이다. 캐나다의 997만 km^2보다는 37만 km^2가 작고, 미국의 937만 km^2보다는 23만 km^2가 더 큰 960만 km^2이다. 전 세계 인구 60억 명의 1/5 이상을 차지하는 인구 대국이면서 세계 최대의 자원 부국이기도 한 중국은 그 인구의 중압에 못 이겨 일부 자원을 역으로 수입해야 하는 어려움도 함께 가지고 있다.

특히 우리 나라와는 문화의 요람기에서부터 뗄레야 뗄 수 없는 밀접한 관계를 맺고 있어, 중국의 역사와 문화를 언급하지 않고서는 우리의 역사와 문화를 독자적으로 설명하기 힘들다. 또한 같은 한자 문화권역에 속한 까닭에 언어의 힘이 그러하듯 민중의 사고 방식과 정신 세계도 사뭇 일치하는 바가 많다. 그리고 지금은 상황이 많이 달라졌지만, 그래도 한자를 사용하면 상호간의 대략적인 의사 소통쯤은 가능하다.

서구의 미래학자들은 21세기는 동양 문화권의 국가들이 국제 무대에서 주도적 역할을 수행할 것이라고 이미 오래 전부터 천명해 왔다. 그 중에서도 특히 중국은 21세기를 이끌 견인차 역할을 할 주도적인 국가가 될 것임을 확신하는 바, 필자 등 지리학을 전공한 우리 삼부자는 중국 대륙에 대한 다양한 이해를 위한 한 가지 방편으로 중국 지리 탐구 여행을 가열차게 지속해 왔다.

나와 인명, 원명 두 아들은 1988년 7월부터 2002년 1월까지 7차에 걸쳐 총

75,000여 km를 배낭을 짊어지고 중국의 수도권과 둥베이 지방, 내몽고 지방, 그리고 황하 및 양쯔·주장·헤이룽 강 유역 등을 두루 답사하였다. 또한 세계의 지붕으로 알려진 티베트 고원과 기이하기로 이름난 황토 고원, 중국의 5대 분지인 쓰촨四川, 차이타무柴達木, 투루판吐魯番, 준거얼准噶爾, 타리무塔里木 분지 등을 비롯하여 사막과 염호에 대해서도 깊이 있는 탐구를 진행하였다.

히말라야 산맥과 쿤룬, 톈산, 알타이 산맥 등에서는 혹한과 싸우며 빙하 지형을 탐색하였고, 중국의 수해樹海를 관찰할 일념으로 시린지西林吉에서 헤이룽 강가의 모허漠河에 이르기까지 누비고 다녔으며, 다싱안링大興安嶺을 소형차로 횡단하는 무모함도 감수했다.

티베트 고원의 우다오량五道梁에서는 고산병과 모진 추위에 거듭된 좌절의 유혹을 어렵사리 물리쳤고, 중국의 극북 모허漠河에서는 영하 40℃의 혹한 속에서도 이즈바란 귀틀집에서 감자 대접을 받았으며, 때로는 중러 국경 초소에서 중화인민해방군 전사들의 도움을 받기도 했다.

가장 인상적인 여행은 양쯔 강 싼샤三峽를 룬촨(윤선)을 타고 관찰한 것이었다. 티베트 고원에서 풀을 뜯는 야생 동물들의 한가로운 모습은 평화로움의 극치를 보여 주는 장면으로 머리 속에 각인되었다. 또 톈산 산맥의 산등성이에 광범위하게 발달한 모식적 마제형 권곡들을 관찰한 것은 생애를 두고 잊을 수 없는 감동이었다.

그뿐인가. 공중에서 관찰한 다라터치達拉特旗 사막의 바르한 사구군과 황토 고원의 왠塬상에 입지한 촌락과 도시들, 마오峁를 개간한 동심원의 경작지 등 모든 경이로운 광경들은 그 선연한 무늬와 빛깔을 지금 이 순간에도 그 곳에 있는 것처럼 낱낱이 상기시켜 준다.

가는 곳마다 과학원의 지리 연구소와 심지어는 중·고등학교의 지리 교사까지 찾아다니며 지역의 필요한 정보를 탐색하였으나 노력에 비하여 너무도 얻은 것이 없었다. 게다가 광대한 땅, 경이로운 세계를 기차, 배, 버스로, 때로는 대절한 택시나 마이크로버스로, 그도 아니면 비행기로 …… 이것 저것 옮겨타며 달리고 또 달렸지만, 총 여행 일수 7개월이란 기간은 중국이라는 거인의 발뒤꿈치만 더듬고 온 듯한 너무나도 짧은 기간이었다. 그러나 우리들은 자부한다, 지리학에 평생을 건 우리 삼부자는 할 수 있는 최선의 노력을 다하여 부지런히 뛰고 또 뛰었기 때문에 더 이상의 아쉬움은 없다고 말이다.

19세기 말 독일의 지리학자 리히트호펜Richthofen과 라첼Ratzel이 생각난다. 이들은 1868년~1872년까지 동부 아시아 탐험에 참가하여 중국 대륙을 조사하였다. 그리하여 1877년~1912년까지의 35년에 걸쳐 'CHINA'란 저서 5권과 지도첩 2권을 발행하는 결실을 맺었는데, 이 책들은 오늘날까지도 중국 대륙에 대한 불후의 명저로서 그 권위를 인정받고 있다. 그 중 제1권과 제2권 제4권 및 지도첩 제1권은 리히트호펜 생전에 출간되었고, 제3권과 제5권 및 지도첩 제2권은 리히트호펜의 사후 그의 제자들에 의해 1911년과 1912년에 각각 출판되었다.

우리는 중국 대륙 조사에 기울인 선학들의 빛나는 문화적 유산과 지리학에 대한 열정에 힘입어 적응하기 어려운 환경과 생사의 기로를 수차례 넘나들며 오로지 중국 탐구의 지평을 넓히고자 혼신의 노력을 불살랐다.

불편한 교통 수단을 비롯한 여러 가지 악조건 속에서 아직까지도 인간의 손때가 묻지 않은 숱한 처녀지들을 통과하며 끝없이 광대한 땅 중국 대륙을 고작 7개월 정도 관찰했다는 것은 문자 그대로 수박 겉 핥기요, 주마간산에 지나지 않을지도 모른다.

그러나 아직까지도 지리학자들의 안목을 빌어 쓴 중국 탐구 여행기가 없는 것을 아쉽게 생각하여, 넉넉하지 못한 자료와 탐사 결과를 토대로 부족하나마 출간을 결심하게 되었다. 마침 지리학을 전공한 (주)푸른길의 김선기 대표이사와 인연을 맺게 되어 '지리학 삼부자의 중국 지리 답사기'(상·하)로 탄생하게 되었으니 그 감사함에 가슴이 온통 느껍기만 하다.

이 작은 책이 지리학의 영토를 한 뼘이나마 넓히는 데 긴히 쓰여지고, 나아가 한 중 친선과 한한민족韓漢民族의 우애를 돈독히 함은 물론이요, 중국을 사랑하는 많은 여행가들의 길잡이가 되기를 바라는 마음 간절하기 이를 데 없다.

2004년 6월 부천 중동 우거에서

대표저자 서 무 송

하 권 차례

Part 4 남선북마 : 하이커우에서 웨이하이까지

01 동양의 하와이 하이커우 *18*

02 남중국 최대의 무역항 샤먼 *24*

03 화교의 본향 푸저우 *34*

04 [리포트] 항저우 첸탕 강의 해소 현상 *44*

05 징항 대운하와 싼바오 선갑 *50*

06 쉬저우의 석탑원 *56*

07 공자의 고향 취푸 *62*

08 중국의 성산 타이산 산 *76*

09 샘과 호수의 도시 지난 *88*

10 전설의 섬 쉬푸다오 *98*

11 황해 진출의 교두보 웨이하이 *106*

12 [리포트] 허베이 평원과 산둥 반도의 생성 *120*

Part 5 중국의 대성벽 만리장성

01 수도 베이징의 관문 톈진 *126*

02 20세기 인류 최대의 재앙 탕산 지진 *140*

03 쯔진청(자금성)과 만리장성 *146*

04 중국 문명의 발상지 황토 고원 *174*

05 고도 시안으로의 시간 여행 *186*

지리학 삼부자의 중국 지리 답사기

Part 6　백설에 뒤덮인 알타이 시

01 중국 최대의 소금창고 칭하이와 다부순 호 *200*

02 [리포트] 지형학 사전에도 없는 사포 사막 *212*

03 백설에 뒤덮인 알타이 시 *220*

04 버스로 횡단한 톈산 산맥 *230*

05 타클라마칸 사막의 최남단 오아시스 허톈 *244*

06 중국 대륙에서 가장 낮은 땅 투루판 분지 *252*

Part 7　세계의 지붕 티베트

01 양쯔 강과 황하의 발원지 *268*

02 고산병으로 거얼무까지 후퇴하다 *276*

03 청두에서 공로 라싸로 *282*

04 빙하 지형과 양바징 지열 발전소 *290*

11

상권 차례

Part 1 동포들의 활동 무대 둥베이 지방

01 내 고향 명월진으로

02 옌볜 조선족 자치주

03 [리포트] 잃어버린 땅 녹둔도

04 [리포트] 민족의 성산 백두산

05 무단장에서 하얼빈까지

06 우다롄츠 화산군

07 동토의 열카르스트 지대

08 중국의 베이지춘(북극촌) 모허

09 다싱안링을 따라 남으로

Part 2 산수의 고향 구이린

01 구이린과 명대의 지리학자 쉬 샤커

02 '구이린 산수'는 열대 카르스트

03 구이린의 대표적 관광지

04 윈구이 고원과 쿤밍

05 돌숲 루난스린

지리학 삼부자의 중국 지리 답사기

Part 3 중국의 생명 창고 양쯔 강 유역

01 '적색 분지'로 알려진 쓰촨 분지

02 쯔궁의 공룡 박물관과 염정

03 만리장성에 버금가는 대역사 '두장옌'

04 주자이거우·황룽에 발달한 석회화 단구

05 충칭 어링 지협과 차오톈먼 부두

06 양쯔 강의 삼협 '싼샤'

07 거저우바 댐의 건설과 내륙 수운

08 [리포트] 사라져 가는 둥팅 호와 포양 호

09 용트림의 현장 상하이 푸둥 공업 지대

10 양쯔 강과 주장 강 삼각주

중국 대륙 답사 경로도

Part 4

지리학 삼부자의 중국 지리 답사기

남선북마 : 하이커우에서 웨이하이까지

01 동양의 하와이 하이커우

02 남중국 최대의 무역항 샤먼

03 화교의 본향 푸저우

04 [리포트] 항저우 첸탕 강의 해소 현상

05 징항 대운하와 싼바오 선갑

06 쉬저우의 석탑원

07 공자의 고향 취푸

08 중국의 성산 타이산 산

09 샘과 호수의 도시 지난

10 전설의 섬 쉬푸다오

11 황해 진출의 교두보 웨이하이

12 [리포트] 허베이 평원과 산둥 반도의 생성

01 동양의 하와이 하이커우

남선북마(南船北馬)란

중국은 대륙적 규모의 나라여서 남쪽은 열대와 아열대에 속하고 북쪽은 냉온대에 해당한다. 열대 · 아열대권에 속하는 지역은 다습하며 강수량이 많고, 냉 · 온대권 지역은 비교적 건조하며 강수량이 적은 편이다.

강수량이 많은 저위도 지방에서는 수계의 발달이 현저하다. 마치 수많은 나뭇가지들이 모여 하나의 튼튼한 밑동을 만들고 땅 속에 뿌리를 박듯이 하천도 이러한 물줄기가 모여 큰 강을 이루어 바다로 흘러 들어간다. 반면에 중 · 고위도 지방은 강수량이 비교적 적어 수계의 발달이 미약한 편이고, 그 정도가 심하면 사막이나 초원을 만든다.

그리하여 다우 지역인 큰 하천 유역에는 넓은 충적 평야가 발달하며 평원상에는 수많은 하적호와 늪지대 및 물길이 만들어져 '어미지향魚米之鄕'을 이루고, 건조한 지역은 목축업이 발달하는 대자연의 서사시가 펼쳐진다. 이러한 뜻에서 중국 사람들은 예부터 자연스럽게 '남선북마南船北馬'라는 말을 사용하여 왔다.

◐ 수로를 따라 양옆에 지어진 집들과 주민들의 생활 필수품 배. 물건을 실어나르거나 이동을 할 때에는 항상 배를 이용한다.

다시 말해 '남선북마'는 이 지역의 풍광과 생활을 너무나 적절히 비유한 표현이라고 할 수 있다.

예를 들어 큰 하천이 발달한 양쯔 강揚子江이나 주장 강珠江 하류 지역에서는 거대한 삼각주 평원이 만들어져 크고 작은 수많은 호소와 그물망같이 발달한 인공 수로망들이 연결됨으로써 배가 지역 주민들의 생활 필수품으로 등장하였고, 반면에 강수량이 적은 화베이華北 지방이나 몽고 고원의 초원 지대에서는 목축업이 성행하여 유목을 관리하거나 생활 필수품을 얻을 때 또는 운반 및 통신의 수단으로 말이라는 가축이 실생활의 전면에 등장하였던 것이다.

한편 이와 같은 중국의 대조적인 생활 환경을 물길로 연결하는 것이 바로 대운하이다. 동서로 발달한 중국의 대하천들을 남북으로 연결하고 있는 대운하는 고대 중국인들이 건설한 3대 불가사의 중 하나이다. 특히 베이징北京과 항저우杭州 사이의 1,784km를 물길로 연결한 징항 운하京杭運河는 항저우의 첸탕 강錢塘江,

양쯔 강揚子江, 화이허 강淮河, 황하黃河, 베이징의 하이허 강海河 등 서쪽에서 동쪽으로 흐르는 5대 수계를 남북으로 연결한 대역사였다. 이 대운하가 중국의 유통 구조에 일대 혁신을 가져왔음은 두말할 필요가 없을 것이다.

하이난 성 하이커우(海口)

2000년 1월 17일 10시 5분에 쿤밍昆明발 하이커우海口행 H4188 여객기에 탑승했다. 불행하게도 일기가 나빠 시정이 없는 답답한 장님 여행을 계속하다가 겨우 하이커우 공항에 착륙하였다.

총면적 34,000km²의 하이난 성海南省은 타이완 섬보다는 2,000km² 작지만 우리나라 제주도의 1,810km²에 비교하면 거의 19배나 되는 중국 제2의 섬이다. 본토와는 충저우 해협瓊州海峽을 끼고 20여 km 떨어져 있다.

● 화려한 전통 의상을 입은 하이난의 리족 신혼 부부 마즈빈(馬志斌)과 류잉(劉瑩).

하이난 성은 중국 유일의 완전 열대권 지역이다. 연평균 강수량은 1,700mm 이상이며 최한월인 1월 평균 기온이 18℃를 상회하는 '상하常夏의 섬'으로 벼의 2기작이 행해진다. 주요 산업은 농업이고 경제 작물로는 고무나무, 야자, 사탕수수, 사이잘삼, 커피 등을 재배하며 열대 과일로는 파인애플, 바나나를 수확한다. 물론 피한지로도 각광받고 있다.

총인구는 711만 명이고 2개의 지급시地級市와 7개의 현급시縣級市, 6개의 자치현自治縣, 4개의 현縣 등으로 행정 관할되며 성회省會(성의 수도)는 하이커우 시海口市이다. 북부와 해안에는 한족漢族이 많지만, 우즈 산五指山 주변의 중부 및 남부에는 리족黎族, 먀오족苗族, 후이족回族 등의 소

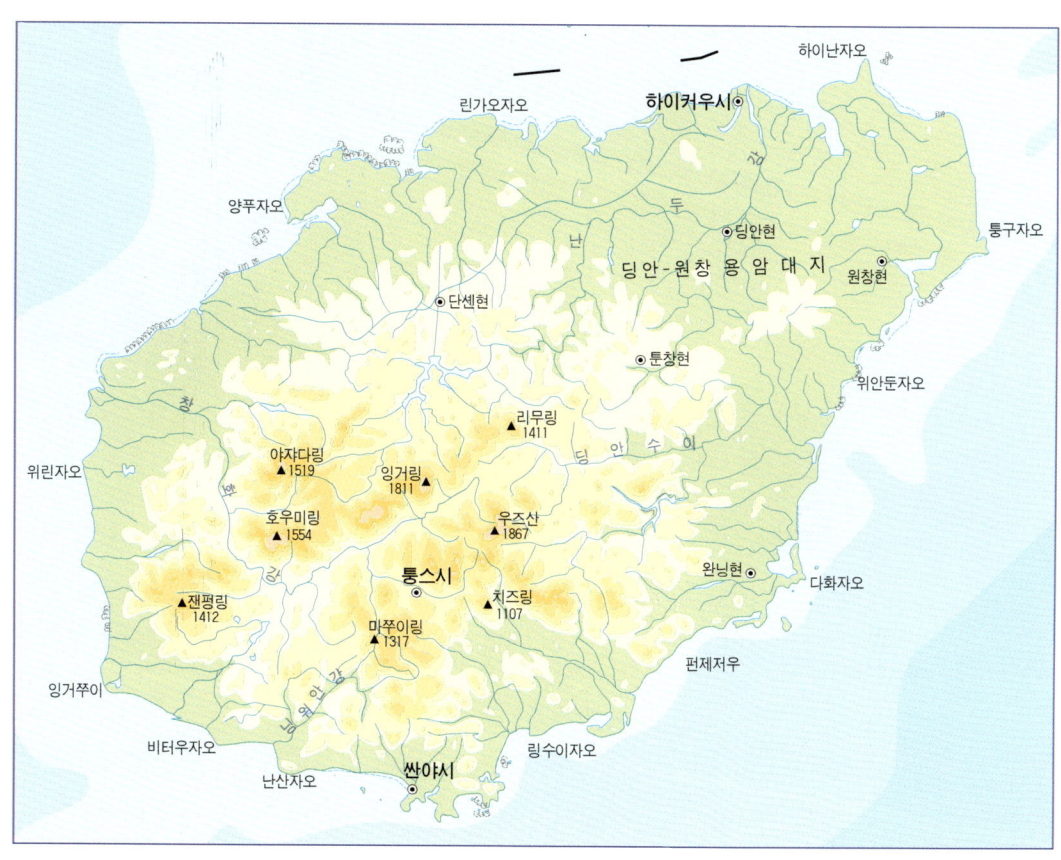

○ 하이난 성(海南省)의 지세.

수 민족이 살아간다.

섬 북쪽의 신저우新州 광춘光村을 비롯한 섬의 북동쪽에 이르는 지역에 넓은 평야 지대가 자리하고 있으며, 난두 강南渡江과 원쟈오 강文教河 유역에는 넓은 용암 대지가 발달하였다. 또한 대표적인 화산 마안링훠산커우馬鞍嶺火山口와 크고 작은 30여 기의 분석구噴石丘가 솟아 있다.

이들 용암 대지와 분석구는 신생대 제3기 말의 화산 활동과 제4기 초에 걸친 용암의 열하 분출로 이루어진 현무암 대지로서 화구 바닥과 대지상에 특색 있는 용암 동굴을 발달시키고 있다.

한편 섬의 중심부에는 우즈 산五指山(1,867), 잉거링鸚哥嶺, 리무링黎母嶺, 야쟈다

🔵 하이난의 남천일주 해안의 경관. 기계적 풍화와 해식 작용으로 만들어진 화강암 핵석(核石)의 특징적 모습이다.

🔵 거대한 핵석들이 칼로 쪼갠 듯이 갈라져 있는데, 이것은 절리면이란 약선에 2차적인 충격이 가해져 생긴 것으로 보여진다.

○ 유명한 둥산링(東山嶺) 유원지의 입구. 둥산링은 하이난의 대표적 화강암 핵석 산지(核石山地)로, 산정까지 삭도로 편하게 탐승할 수 있다.

링雅加大嶺, 호우미링猴獼嶺, 잰펑링尖峰嶺, 마쭈이링馬咀嶺, 치즈링七指嶺 등의 산들이 자리하고 있다. 이들 중산성 산지는 창화 강昌化江과 퉁스 강通什河 유역을 중심으로 하이난 성 중앙부에 자리잡고 있는데 시대 미상의 관입 화강암으로 구성되어 있어 화강암 특유의 핵석核石 경관이 나타나기도 한다.

이 밖에도 단셴 현儋縣 바이사白沙의 창장 강昌江 일대에는 고생대 초 캄브리아기의 석회암과 백운암이 분포되어 있어 미약하지만 카르스트 지형이 발달하고 있다. 한편 이들 암석들은 소성하여 사용하고 있다.

Part 4 남선북마 : 하이커우에서 웨이하이까지

02 남중국 최대의 무역항 샤먼

상공에서 바라본 아름다운 항구 도시 샤먼(廈門)

2000년 1월 21일 09시 05분에 CZ3831기편으로 하이커우海口를 이륙하여 약 2시간 뒤 타이완 맞은편의 아름다운 항구 도시 샤먼廈門의 상공에 도달하였다.
탑승기는 샤먼 국제 공항에 착륙하기 위해 고도를 낮추고 있었는데 기창을 통해 내려다본 샤먼은 아름다웠다. 내륙으로 깊숙이 파고 들어간 주룽 강九龍江 하구에 모식적으로 발달한 삼각강이 특히 눈에 들어왔다. 외해의 거센 파도를 막아주는 유명한 진먼 섬金門島과 구랑위鼓浪嶼는 한 폭의 아름다운 풍경화를 연출해 내고 있었다.
소지품을 챙기고 다른 여객과 더불어 공항 대합실 밖으로 나와 택시편으로 도착한 곳은 작으면서도 아담한 징화京華 호텔이었다. 이미 정오가 지나 점심 식사를 마치고 시내의 풍경을 둘러보기 위해 거리로 나왔다.
샤먼廈門은 일찍이 1933년 시로 승격된 곳인데 1956년 지메이集美와 가오치高崎 사이의 해협에 2,820m 길이의 둑을 쌓아 육속시킴에 따라 도시화가 급진전되었다. 1980년에 경제 특구로 지정되어 대외에 개방되면서 인구 60만 명의 중요 공업 도시로 변모하였는데 통조림 공업을 필두로 하여 수산물 가공 공업, 기계 공업, 화학 공업, 조선 공업 등이 괄목할 만한 성장을 이루었다.

샤먼 대학

샤먼 대학은 중국의 주요 종합 대학 중 하나로 샤먼 시 남동부의 정청궁鄭成功 연무장 옛터의 일부에 자리잡고 있다. 이 곳은 앞쪽으로는 대해가 전개되고 배후에는 우라오펑五老峰이 자리잡은, 경관이 아주 수려한 곳이다.
1921년 화교 출신인 전 자경陣嘉庚에 의해 창립된 샤먼 대학은 초창기에는 사범계의 문리과로 출발하였다. 당시 중국이 낳은 저명한 문학자 루 쉰魯迅이 1926년 9월부터 수개월간 근무한 적이 있어 1976년 개교 50주년을 맞아 루 쉰 기념관이 건립된 바 있다. 1937년에는 국립 대학으로 승격하였으며, 항일 전쟁 초기

○ 샤먼 대학의 전경으로 중앙의 전통 기와 지붕 건물이 대강당이다. 샤먼 대학은 중국 굴지의 종합 대학으로서 눈부신 발전을 거듭하고 있다.

Part 4 남선북마 : 하이커우에서 웨이하이까지

에는 민시閩西 지방의 창팅 현長汀縣으로 피난했다가 전쟁이 끝난 후 1946년 11월 다시 샤먼으로 복귀하였다.

한편 샤먼 복귀 당시에는 학생이 1,600여 명에 불과하였으나, 1952년 원계院系 조정에 관한 교육부의 결정에 따라 종합 대학으로서의 면목을 일신하여 중문학을 비롯한 11개 계열 31개 학과를 두었다. 오늘날에는 25개 계열에 55개의 전공 학과와 26개의 과학 연구소와 석·박사 과정을 둔 전국 굴지의 대학으로 성장하였다.

후리 산(胡里山) 포대

이 포대는 샤먼廈門 남동부의 후리두胡里杜 해변에 입지한 포대로서 1891년 푸젠 성福建省의 해군 제독이었던 펑 추한彭楚漢에 의해 건설되었다. 예전에는 군사 시설로 주민의 출입이 통제되었으나 1984년부터 관광 자원화되었다.

이 포대에는 구경 280mm의 거포가 설치되어 있는데 포신의 전장은 13.96m이고 총중량이 59,888kg이다. 이 거포는 독일의 커루보克虜伯 조병창에서 은 6만 냥을 주고 구입한 것이라고 알려져 있다.

전면에 진먼 섬金門島이 자리하고 있어 서로 포격전을 교환하던 지난날 역사를 상기시켜 준다. 포대 주변의 아름다운 해변 풍경과 더불어 아직도 주변에 벙커와 교통호를 비롯하여 탄약고, 병사, 조련장 등이 완벽하게 남아 있어 군사적 관광 자원으로서의 가치도 지니고 있다.

구랑위(鼓浪嶼)와 르광옌(日光岩)

샤먼 서쪽 700m 넓이의 샤구廈鼓 해협 건너에는 구랑위鼓浪嶼라는 면적 1.84km²의 작은 섬이 있다. 이 섬은 섬 전체가 화강암으로 이루어져 있어 화강암 특유의 핵 풍화核風化로 형성된 둥근 핵석들로 인해 풍광이 매우 아름다운데 구랑위는

○ 구랑위(鼓浪嶼)에서 바라본 지메이(集美) 방향의 아름다운 도시 풍경. 샤먼 항과 잘 조화를 이룬다.

이들 핵석 중의 하나를 가리키는 말이다. 구랑위에는 관광객의 편의를 위해 철 난간에 계단이 설치되어 있다.

한편 르광옌日光岩은 속칭 룽터우 산龍頭山으로 불리는 구랑위의 최고봉으로 그 표고는 90m이다. 이 곳은 명대 말과 청대 초에 걸친 민족의 영웅 정 청궁鄭成功 장군이 병력을 주둔시켰던 곳으로, 아직까지도 수병들의 조련장과 산채의 유적들이 그대로 남아 있다.

1962년 타이완 수복 300주년 기념일에는 핵석들로 가득 메워진 르광옌 산록에 정 청궁 장군의 화강암 기념석상과 기념관이 건립되었다. 그리고 기념관의 7개 전시실에서는 그가 사용하던 신장품과 서신 및 일대기를 갖추어 놓고 일반인들에게 관람시키고 있었다.

Part 4 남선북마 : 하이커우에서 웨이하이까지

◯ 구랑위의 르광옌(日光岩) 해안 절벽상에 정청궁(鄭成功) 장군의 타이완 수복 300주년을 기념하여 세운 거대한 화강암 석상.

○ 1961년 개원된 완스(萬石) 식물 공원 입구의 야자 가로수는 관람객들에게 깨끗하고 조촐한 인상을 심어 준다.

완스(萬石) 식물공원

샤먼夏門 남동부의 스산 산獅山 북쪽에 자리한 완스 식물공원萬石植物公園은 독특한 품격을 가진 자연과 식생의 결합체라고 할 수 있다. 또한 자고로 이름 있는 경승지였기 때문에 많은 문인과 저명 인사들이 다녀간 곳이기도 하다.

10여 곳에 마암 석각이 있으며 1952년 단장된 완스옌萬石岩 저수지와 그 주변을 장식한 식물원에는 종려나무와 대나무, 난화와 분경, 약용식물 등 20여 개의 식물구와 묘포가 있다. 특히 열대와 아열대 식물 4,000여 종을 소장하여 그 규모가 대내외에 널리 알려져 있는 곳이다.

식물원은 크게 삼나무숲을 이루는 송삼원松杉園, 아름다운 돌들로 이루어진 매괴원玫瑰園, 분경원盆景園, 난화원蘭花園 등으로 구분되어 있다. 또한 종려식물구와 품종 순화구 등 20여 개의 전문 조원 식물구 외에도 중국의 10대 명화名花와

○ 샤먼의 완스옌 저수지는 훌륭한 조형미를 나타낸다. 주위의 화강암 산지인 쭈이셴옌(醉仙岩), 사찰 톈제쓰(天界寺) 등과 아름답게 잘 어우러져 있다.

세계 각지에서 들여 온 각종 화훼가 서로의 아름다움을 뽐내고 있다.

천 년 고찰 난푸퉈쓰(南普陀寺)

난푸퉈쓰南普陀寺는 샤먼 섬 남동쪽의 우라오펑五老峰 아래에 자리잡고 있는 푸젠성福建省의 불교 경승지 중 하나이다. 절내에는 천왕전, 대웅보전, 대비전 등이 웅장하고 화려한 자태로 자리하고 있다.

◐ 샤먼 섬 남동쪽의 난푸퉈쓰(南普陀寺) 대자비전은 팔각삼층의 건축물로 빼어난 아름다움을 자랑한다.

이 사찰은 당대에 건설되었는데 첫 이름은 푸자오쓰普照寺이다. 송대에 중건되었을 때에는 원래의 이름을 그대로 사용하였으나, 청 강희 연간에 중건되면서 현재의 이름인 난푸퉈쓰로 개명하였다. 특히 삼세존불과 천수관음, 사천왕, 18나한 등의 묘상이 장엄하여 선남선녀들의 불공과 시주가 끊이지 않는다.

한편 절 뒤쪽의 절벽에는 '불佛'자가 새겨져 있는데 그 높이가 한 길 하고도 넉 자요, 넓이는 한 길에 이른다. 또 화강암 기암 괴석 사이로 개설되어 있는 아기자기한 통로들도 흥미로운 볼거리이다.

◯ 난푸퉈쓰(南普陀寺) 뒤쪽 거대한 화강암 핵석들이 얼키설키 가로놓인 곳에 조화롭게 만들어진 통로. 저절로 서늘함을 느끼게 하는 곳으로 예부터 피서지로 이용하였음을 알 수 있는 흔적이 암면에 새겨져 있다.

03 화교의 본향 푸저우

민난 지방의 볼거리들

우리는 다시 일찍이 개화되고 개방된 민난閩南 지방(푸젠 성의 민장 강閩江 이남 지역)의 풍정을 살피기 위해 일부러 여유 있는 장거리 버스를 탔다. 먼저 지메이 集美 퉁안同安으로 북상하였다. 그리고 연해의 만입과 반도 사이를 가로질러 북동진하면서 취안저우泉州, 후이안惠安, 푸톈莆田, 훙루宏路 등을 거쳐 푸저우福州에 이르기까지 292km의 구간을 살펴보았다. 이 지역의 생활 수준은 다른 지역에 비해 높았는데 특히 리즈荔枝와 사탕수수의 재배가 이채를 띠었다.

톈호우궁(天后宮)

취안저우 시泉州市 남문에 자리잡고 있는 톈호우궁天后宮은 원래 이름은 톈페이궁天妃宮이다. 남송 경원 2년인 1196년에 푸톈莆田 메이저우湄洲의 임씨林氏 딸을 해신으로 모신 전각이었다. 봄과 가을 두 차례 제사를 지냈다고 취안저우 부지府志에 기록되어 있다.

현재 남아 있는 건물로는 대전과 후전, 그리고 양 날개 쪽에 정자와 동랑이 있는데 청 초에 수건했던 그대로 잘 보전되어 있다. 대전 앞에는 원래 청 초에 만들어진 청룡석주 한 쌍이 있었는데 이는 민난 석조閩南石彫의 걸작품으로 이미 카이위안쓰開元寺로 옮겨졌다고 한다.

스라오쥔(石老君)

송대 도교 라오쥔老君의 석상으로 취안저우泉州 시 북쪽 교외의 칭위안 산淸源山 기슭에 자리잡고 있다. 석상의 높이는 5.5m이고 넓이는 7.3m로, 원래 한 덩어리의 천연 돌덩어리를 현장에서 쪼아 만들었다.

이 신선 좌상은 자상하고 건강미 넘치며 유쾌한 모습을 하고 있는데 머리, 얼굴, 눈, 수염 등이 매우 정교하게 조각되어 있다. 왼손은 무릎 위에 놓고 오른손은 작은 탁자 위에 기대고 있으며 양쪽 귓방울은 어깨까지 늘어졌다. 미소를 가뭇

○ 자연석에 송대 도교의 라오쥔(老君)을 조각한 석상으로 취안저우 시 북쪽 교외의 칭위안 산록에 자리잡고 있다. 이 거대한 석상은 건강과 장수의 상징으로 모든 사람들의 사랑을 받고 있다.

하게 머금고 있는 눈과 푸른 수염이 바람에 살랑거리는 모습에서 사람들이 건강과 장수의 상징으로 숭배할 만한 기품이 절로 느껴진다.

싼칭뎬(三淸殿)

푸톈莆田 시내의 젠지 강兼濟河 옆에 자리잡고 있는 싼칭뎬三淸殿은 당 정관 2년인 628년에 창건되었으며, 도교 정일파正一派 도관의 하나인 현묘관玄妙觀 건축군 중 드물게 남아 있는 건물이다. 북송 대중상부 8년인 1015년에 중수되었으며, 그 후 여러 번의 수리를 거듭하여 오늘날까지 송대 건축물의 품격을 보존하고 있다.

난산 광화쓰(南山廣化寺)

광화쓰廣化寺는 푸톈청莆田城의 남쪽 2km 거리에 있는 난산 산南山 기슭에 자리잡은 사찰이다. 진陳 영정 2년인 558년에 진셴위안金仙院으로 개원되었다가, 수 개황 9년인 589년에 진셴쓰金仙寺로 개칭되었다. 당 경운 2년인 711년에 다시 링옌쓰靈岩寺로 바뀌었다가 북송 때에 이르러 현재의 이름이 되었는데 송·명 양대에 최대로 흥성하였다.

산문에서 대비루에 이르는 전장 385m의 중심축에 산문, 천왕전, 대웅보전, 법당, 장경각, 대비루 등이 배치되어 있으며 그 양쪽에는 종고루와 조사전, 가람전 등이 천여 년의 고색 창연함을 그대로 간직한 채 서 있어 보는이의 옷깃을 여미게 한다.

화교의 본향 푸저우(福州)

푸저우福州는 굽이쳐 자유 사행하며 흐르는 민장 강閩江 하류의 푸저우 평원에 자리잡은 도시로 푸젠 성福建省의 수도(성회)이다. 또한 사람이 살기에 적합한 아열대 기후여서 사철 상록의 아름다움이 느껴지는 억사의 고도이다.

○ 푸저우 시 구핑 로(鼓屛路) 817북로 일대의 거리 풍경. 푸저우는 아편전쟁 후 사먼과 함께 개방된 통상항으로서 영국에 의해 부두와 조선소가 건설되었다.

일찍이 한 고조 5년인 기원전 202년에 민웨 왕閩越王이 도시를 건설하고 예청冶城이라 이름하였으며 당 개원 13년인 725년에 푸저우福州로 개칭되어 오늘에 이르렀다.

푸저우의 도시 별칭은 룽청榕城인데 오늘날은 간단히 룽榕이라고 한다. 한편 때로는 싼산三山이라고도 부르는데 이는 위산于山, 우산烏山, 핑산屛山 등의 세 산에서 유래한 것이다.

기후적으로는 농업 환경 여건이 좋지 않아 사람들은 자신의 재주에 의지해 살아가야만 했다. 이러한 이유에서 푸저우 사람들은 주로 칼을 잘 다루는 사람이 많다. 요리사나 이발사 또는 재단사 등에서 기술이 뛰어난 사람들이 많은 이유가 이 때문이기도 하다.

푸저우 사람들은 가난을 이겨 내기 위해 오래 전에 이러한 기술을 바탕으로 해외로 많이 진출하였는데, 오늘날 고향의 뿌리를 찾아 되돌아온 이의 숫자가 실

Part 4 남선북마 : 하이커우에서 웨이하이까지 37

제로 푸저우 시 인구의 1/6인 80여만 명이나 된다. 1980년 대외 개방 도시로 지정될 수 있었던 것도 화교 출신으로 5대양 6대주에 골고루 퍼져 있던 이들의 귀국과 지원이 푸저우의 경제 발전에 커다란 원동력이 되었기 때문이다.

한편 푸저우는 역사 도시답게 많은 명승 고적들이 산재되어 있다. 그 가운데에서도 시내 중심부에 자리잡고 있는 온천은 전국 7대 온천구 중 수위를 차지하며 그 명성이 대내외에 널리 알려져 있다.

푸저우 시후(福州西湖)

푸저우 시의 북서쪽에 자리잡고 있는 시후 호西湖는 일찍이 진秦 태강 3년인

○ 푸저우 시 북서쪽에 자리잡은 시후 공원(西湖公園)의 입구. 서기 282년인 진 태강 3년에 이 고장 군수 옌 가오쭤에 의해 건설된 시후 호(西湖)는 오늘날 항저우의 시후 호(西湖)와 비교될 만한 조형미를 갖추고 있다.

282년에 이 고장 군수이던 옌 가오쮜嚴高鑒가 시 서북쪽의 주산 산諸山에서 물을 끌어들여 관개용 저수지로 사용한 데서 비롯되었다. 그 후 호변에 수정궁을 짓고 고을 사람들의 놀이터로 이용하면서 작은 서호라는 이름이 붙었다. 1914년 당시 시후 호의 면적은 54.3무畝였으나 그 후 꾸준히 확장되어 오늘날에는 275.15무로 늘어났다.

호수 내에는 카이화開化, 써핑射坪, 야오자오窯角 등의 3개 섬이 있고 호변에는 허팅荷亭과 다멍 산大夢山이 있으며 위다이玉帶, 페이훙飛虹, 부윈步雲 등 3개의 다리가 놓여져 있다. 특히 이들 사이를 수양버들과 여러 가지 관상수들이 늘어져 아름다운 조화를 이루고 있다. 뿐만 아니라 시후 공원 내에는 푸젠 박물관과 팬더곰 연구소까지 있어 시후 호는 문자 그대로 이 지방의 명물이다.

민장 강안의 옌타이산(煙臺山) 공원

817남로를 지나 민장 강閩江에 놓인 다리 제팡 대교解放大橋를 건너 창산 산倉山을 오르면 이 곳이 옌타이산 공원煙臺山公園이다. 여러 가지 편의 시설과 아름다운 관상수종들로 숲을 이룬 잘 다듬어진 이 도시 공원은 1962년 조성되었다.

특히 이 곳은 전망이 좋아 푸저우 시내를 한눈에 바라볼 수 있는데, 눈 앞에 전개되는 강변 공원과 민장 대교 및 강심 공원 그리고 민장 강을 한가롭게 오르내리는 유람선들을 바라보노라면 그 황홀함에 시간 가는 것도 잊게 된다.

다시 공원을 내려와 관하이 로觀海路를 지나 민장 대교를 건너서 루이중 로六一中路를 통해 우이다샤武夷大廈에 이르면 푸저우 시 중심부를 한 바퀴 도는 셈이다.

이산 시찬쓰(怡山西禪寺)

원래의 이름은 창칭쓰長慶寺이며 푸저우 시 서쪽 교외의 이산 산怡山 기슭에 자

○ 푸저우 시를 조망할 수 있는 옌타이산 공원에서 제팡 대교(다차오), 샤유커윈마터우(下遊客運馬頭) 쪽의 도심지를 바라본다.

○ 푸저우 이산 산(怡山) 기슭에 자리잡고 있는 사찰 시찬쓰(西禪寺). 원래 이름은 창칭쓰(長慶寺)이며 푸젠 10대 선림 중 하나이다. 서기 867년에 창건되어 1,136년의 오랜 역사를 간직하고 있다.

리잡고 있다. 이 사찰은 당 함통 8년인 867년에 창건되었으므로 무려 1,136년이란 유구한 역사를 지니고 있는 셈이다.

시찬쓰는 푸젠福建 10대 선림禪林의 하나로 싱가포르의 쐉린쓰雙林寺, 말레이시아의 쐉칭쓰雙慶寺, 베트남의 푸퉈쓰普陀寺 등을 분원으로 두고 있다. 절의 내전은 웅장하고 아름다우며 약 100무畝의 면적에 40여 좌의 건축물이 들어서 있다. 그런데 대부분의 건물은 청대 광서 연간에 웨이먀오微妙 선사가 해외에서 모금하여 중건한 것들이다.

특히 절에는 애국 화교들이 보낸 옥불玉佛, 양존兩樽과 당비唐碑, 송려宋荔, 명원각明遠閣, 방생지放生池, 대웅보전大雄寶殿, 장경루제승적藏經樓諸勝迹 등이 있어 중국의 전국중점문물보호단위로 지정 보호되고 있다.

호화 침대 열차를 타고 상하이(上海)로

1999년 1월 민장 강閩江 연안을 따라 거슬러 올라가며 눈부시도록 짙은 녹색의

○ 우이 산맥(武夷山脈) 남사면의 차밭. 양지바르고 토심 깊은 완만한 경사면에 계단상으로 개발된 짙푸른 차밭은 밝은 햇살을 받아 눈부시도록 아름다웠다.

차밭을 끝없이 지나 난링南嶺을 넘는 1,173km의 즐거운 기차 여행을 하였다. 차창을 통하여 내려다 보는 민장 강 연안의 풍요로움, 강폭이 좁은 여울을 조심스럽게 내려오는 뗏목, 돛에 바람을 가득 안고 강심을 거슬러 올라가는 돛단배…… 여객의 마음을 그지없는 평화로움에 잠기게 한다.

매표가 걱정이 되어 어저께 푸저우 정거장에 갔을 때만 해도 불안했었다. 매표 창구의 안내원이 외국인은 광장 모퉁이의 외국인 전용 매표소로 가라고 했다. 중국에서 처음 겪는 일이라 지시에 따랐다. 두 사람의 표값으로 객표값 244위안(47달러), 특급표값 56위안(10.8달러), 침대표값 292위안(56.2달러) 등 도합 592위안(114달러)이나 지불하였다. 그러나 승차하고 보니 모든 것이 만족스러웠다. 내가 중국에서 타 본 4인실 워푸臥舖(compartment)치고는 전례 없이 깨끗하고 잠자리도 편안하였으며 복무원들의 복무 자세도 세련되었다.

강이 시야에서 멀어지자 비탈진 언덕에 푸르디 푸른 차밭이 펼쳐지기 시작했다. 끝없는 그 녹색의 바다에서 강한 햇살을 받으며 찻잎을 뜯는 여인들의 바쁜 손놀림에도 평화로움이 깃들어 보이는 것이 오히려 사치스런 낭만은 아닐까 싶어

🔸 민난(閩南) 지방을 풍요롭게 만든 민장 강(閩江)은 우이 산맥에서 발원한 이 지방 최대의 하천으로 중·상류 지방의 임산 자원과 광산 자원, 민장커우(閩江口) 부근의 마쭈(馬祖) 근해에서 잡은 수산물들을 유통시키는 동맥이다.

조심스럽기까지 했다.

어느덧 기차는 힘겨운 숨을 몰아쉬며 막 빠져나온 터널을 뒤돌아볼 겨를도 없이 비탈진 길을 오르는 듯하더니 또다시 터널로 들어간다. 이 곳이 바로 중국의 화중華中 지방과 화난華南 지방을 가르는 우이 산맥武夷山脈이다.

여행을 시작한 지도 벌써 50일째로 접어들었다. 어느덧 밤은 깊었고 피곤하여 우리 일행은 잠을 청했다. 잠결에도 정차 시간이 길고 오르내리는 사람들의 왁짝지껄 떠드는 소리로 보아 잉탄 시鷹潭市인 것을 짐작할 수 있게 한다. 푸저우를 떠나 이제 겨우 상하이까지 절반은 온 모양이라고 생각하며 깊은 잠에 빠져들었다.

새벽쯤 되었을까. 4인실 워푸에 같이 탄 항저우杭州 교통대학의 써攝 교수가 이제 그만 자라고 깨워 주었다. 써 교수는 끓는 물이 왔으니 차 한 잔 마시자고 했다. 친절하게도 그는 자신은 항저우에 내린다며 상하이에서는 푸저우 로福州路에 가야만 구하고 싶은 자료들을 얻을 수 있다고 알려 주었다.

항저우역를 떠나면서부터 무수한 그물망처럼 발달한 인공 수로 크리크creek를 관찰하다가 아침 9시 40분 상하이역에 도착하였다. 내리자마자 서둘러 택시를 타고 예약된 난징 빈관에 여장을 풀었다.

04 [리포트] 항저우 첸탕 강의 해소 현상

2000년 1월 22일 종일토록 궂은비가 내리는데 항저우 국제 호텔을 나와 비를 맞으며 간신히 택시를 잡아탔다. 하이닝 현海寧縣 옌관鹽官으로 목적지를 잡고 일금 500위안(61달러)을 주기로 하였다.

음력으로 12월 16일, 실제로 만월이 되는 날이었다. 이 날이 아니면 온전한 첸탕 강錢塘江의 해소 현상海嘯現象을 관찰할 기회를 놓치기 때문에 모든 여행 계획을 이 날에 맞추어 세워야 했었다. 그러나 이 곳 사람들은 세계적으로 유명한 첸탕 강 하구의 해소 현상을 대부분 모르고 있었을 뿐 아니라 관광 자원화되어 있지도 않았다.

우리는 오후 2시를 전후하여 발생할 해소 현상의 자초지종을 빠짐없이 수록하기 위해 오전 10시에 옌관에 도착하여 먼저 진해탑鎭海塔과 진해

◐ 첸탕 강(錢塘江) 나팔상 하구의 나팔목에서 발생하는 해소 현상(海嘯現象 : tidal bore).

철우鎭海鐵牛를 비롯하여 해신묘海神廟를 돌아보았다. 그리고 해소 현상을 관찰할 수 있는 장소에 자리를 잡고 기다렸다.

일반적으로 해소 현상(tidal bore)이란 조수 간만의 차이가 큰 감조 하천에서 발생하는 보편적인 현상으로, 하구의 지형 및 해저 지형과 밀접한 관계를 맺고 있다. 이것은 하천의 유량 및 유속과도 깊은 관계가 있는데, 특히 하천의 하구가 삼각강을 이루며 수심이 얕고 유량이 많은 것을 전제로 한다.

나팔상 하구, 즉 에스튜어리Estuary의 전면이 넓고 얕으며 조석간 만의 차이가 큰 바다에서는 흐르는 물살과 밀어닥치는 밀물이 싸우면서 점차적으로 물벽의 높이를 더하여 가며 하천의 상류로 거슬러 올라가는 것이다.

중국에서는 이 같은 해소 현상을 일반적으로 융차오涌潮라고 부르는데 우리 나라에서는 해소로 통칭된다. 일본에서는 폭장단暴張端 또는 우시오쯔나미潮津波, 潮津浪로 사용하기도 한다.

세계적인 해소 현상이 발생하는 하천 중 으뜸이 바로 중국 저장 성浙江省의 항저우 만杭州灣으로 유입되는 첸탕 강錢塘江이다. 그 다음이 남아메리카 대륙의 세계적 대하천인 브라질의 아마존 강이며, 이 밖에도 북아메리카 대륙의 태평양 연안으로 흘러 캘리포니아 만으로 유입되는 콜로라도 강, 영국의 카디프 만으로 유입되는 서번 강과 런던 시내를 관류하는 템스 강 및 프랑스의 수도를 관류하는 세느 강도 잘 알려져 있다. 또한 인도의 갠지스 강구로 유입되는 후글리 강이나 남아메리카 대륙의 열대 태평양 연안국인 에콰도르의 리오과야스 강 등에서

○ 진해탑(鎭海塔). 하이닝 현 옌관 진 첸탕 강변에 세워진 관조승지(觀潮勝地)로 명 만력 40년인 1612년에 세워진 아름다운 7층 목탑이다. 옛날에는 점오탑(占鰲塔)으로 불렸다.

Part 4 남선북마 : 하이커우에서 웨이하이까지

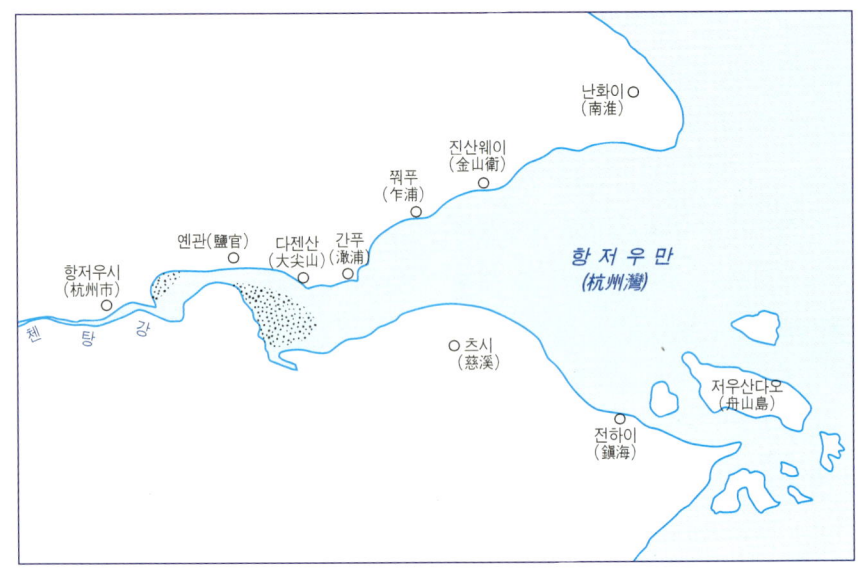

○ 항저우 만과 나팔상 하구. 전형적인 삼각강인 항저우 만에서 발생하는 해소 현상은 첸탕 강의 풍부한 유량과 거센 황해의 밀물이 충돌하여 생기는 자연 현상으로 때로는 예상치 못한 피해를 주기도 한다.

도 해소 현상이 나타나는 것으로 보고되어 있다.

한편 하천의 유로에 협곡이 있을 때에는 조수의 흐름에 이상이 생겨 하류보다도 상류 쪽에 더 큰 조차가 있는 사례도 있다. 영국의 수도를 관류하는 템스 강의 런던 교 부근의 조차가 하류의 노어Nore보다도 1m나 더 높다는 사실이 보고되어 있다. 따라서 이 곳에서는 약 6시간마다 상류와 하류에서 방향이 반전되는 진귀한 폭포가 생기며 이를 상호 반전 폭포(reversible water fall)라고 부른다. 캐나다 뉴브런즈윅 주의 세인트존 하천에서도 이러한 현상이 관찰되는 것으로 보고되어 있다. 밀물 때에는 좁은 수로의 하류 쪽 수위가 높아져 폭포가 상류를 향하여 거슬러 올라가며, 썰물 때에는 상류의 퇴수退水가 원활하지 못하여 좁은 수로의 양쪽 수위차가 3~4m에 이른다고 한다.

우리가 첸탕 강을 방문했을 때에는 해소로 인한 물벽의 높이가 6~7m였는데, 바로 그 해인 2000년 9월 12일(음력 8월 15일)에 일단의 중국인들이 옌관에서 이 기이한 해소 현상을 보다가 떼죽음을 당할 뻔한 일이 발생했다. 10m를 훨씬 넘는 해소로 인한 물벽이 둑 위의 관광객을 덮친 이 사건은 전파를 타고 전세계

◯ 해소 현상이 발생하기 2시간 전의 평온함과 부분적 해소 전주.

◯ 본격적인 해소가 시작된 모습. 천군만마가 질주하듯 우뢰와 같은 소란한 가운데 융차오(涌潮)는 무서운 속도로 강상으로 돌진한다

Part 4 남선북마 : 하이커우에서 웨이하이까지

◯ 무서운 속도로 강상을 향해 돌진하는 해소(海嘯)를 배후에서 촬영한 모습.

로 전송되었다.

그러나 사실 '천하기관天下奇觀 첸장차오錢江潮'란 책자를 살펴보면 이러한 사건이 처음 있는 일은 아니었다. 이 책의 기록을 자세히 살펴보면, 해소 현상은 어느 일정한 틀 속에서 진행되는 것이 아님을 알 수 있다. 놀랍게도, 천 번을 보아도 늘 그 기세와 경관, 위치 및 장소가 다르며 같은 곳에서는 피해를 되풀이하지 않았다.

지구과학적인 측면에서 감조 하천의 해소 현상에 대한 일반적인 특징을 살펴보면 다음과 같다.

① 밀물의 시간은 짧으며 썰물의 시간은 길다. 이는 하상 구배가 있음으로 인한 운동 에너지의 차이에서 기인한다.

② 밀물과 썰물의 시간차는 하천의 수량에 따라 증감되고 증수기에 크고 갈수기에 작다.
③ 하천 내의 물벽의 진행성은 유속 또는 유량의 최대와 최소는 수위와 간만의 시간에 따라 시차가 생긴다.
④ 조석이 하천에 전파되는 속도는 하천의 수심 및 유속과 밀접하게 관련되어 있다.
⑤ 밀물에 있어서는 해수가 하천수보다 무거우므로 쐐기 모양으로 강바닥을 거슬러 올라가며, 하천을 거슬러 올라감에 따라 점차적으로 그 세력은 소실된다.
⑥ 지구 자전의 영향으로 큰 하천의 양안은 다소의 수위차가 있으며 뉴욕의 허드슨 강에서는 그 차가 3cm로 나타난다.

05 징항 대운하와 싼바오 선갑

세계 도처에는 대양과 대양을 연결하거나 하천과 하천을 연결하는 크고 작은 많은 운하들이 존재한다. 그 중에서도 1869년 개통되어 인도양과 지중해를 연결하는 수에즈 운하는 그 길이가 162.5km이며, 1914년에 개통되어 태평양과 대서양을 연결하는 전장 81.8km의 파나마 운하는 해운업의 발달은 물론이요 인류 문화의 발전에도 지대한 공헌을 해 왔다.

만리장성을 축성한 중국의 고대인들은 전장 1,794km의 징항 대운하京杭大運河를 착공하여 첸탕 강錢塘江, 양쯔 강揚子江, 화이허 강淮河, 황하黃河, 하이허 강海河 등의 5대 수계를 연결하는 쾌거를 이룩하였다. 베이징北京과 항저우杭州를 연결하는 이 남북 방향의 운하는 고대 중국인이 이룩한 위대한 수리 공정 중의 하나이며 만리장성에 버금가는 대역사로 기록되고 있다.

중국은 지형이 서고 동저형이어서 하천 또한 대부분이 서에서 동으로 흐르기 때문에 예부터 동서를 연결하는 내륙 수운이 발달하여 왔다. 따라서 남북으로 운하를 개설하여 이들 대하천들과 연결한다는 것은 매우 절실한 경제적 문제가 아닐 수 없었을 것이다.

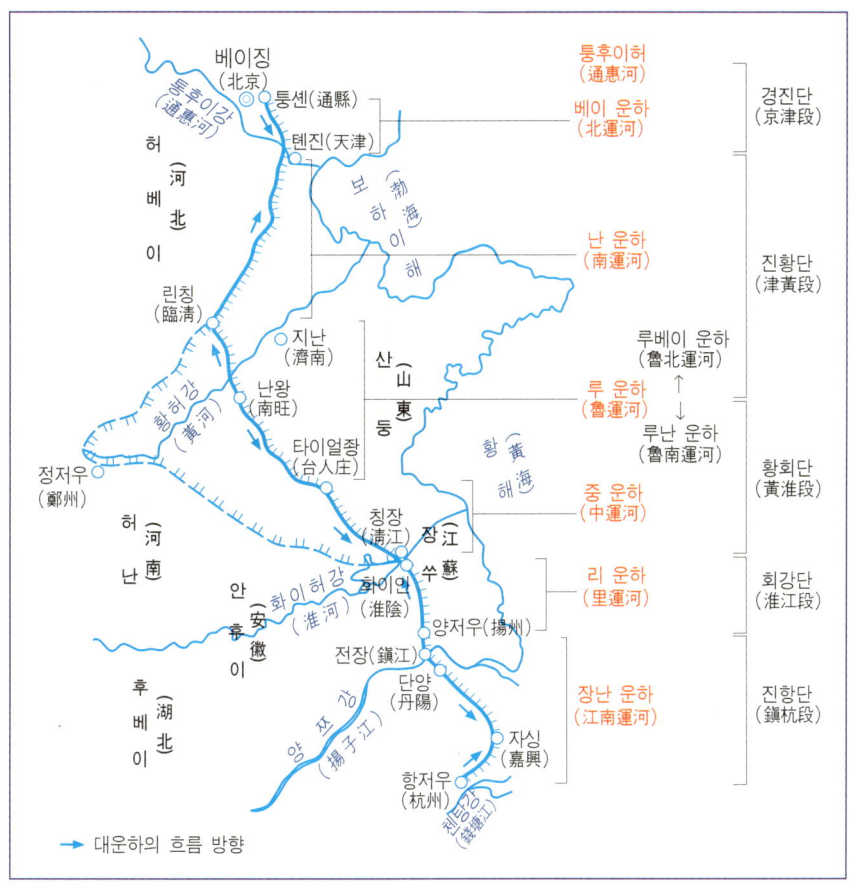

○ 대운하 개념도.

대운하는 춘추 시대 말기인 5세기부터 시작되었으며 7세기경의 수나라와 13세기 원나라 때에는 대규모의 확장 공사가 이루어졌다. 이러한 대운하는 전 구간을 7단으로 구분하여 관리되어 왔다.

제1단 : 북경 시지역인 퉁셴단通縣段, 즉 퉁후이허通惠河
제2단 : 퉁셴通縣에서 톈진天津에 이르는 베이 운하北運河
제3단 : 톈진天津에서 린칭臨淸에 이르는 난 운하南運河
제4단 : 린칭臨淸에서 타이얼좡台兒莊에 이르는 루 운하魯運河

○ 산둥 성(山東省) 역내 린칭(臨淸)에서 타이얼좡(台兒莊)에 이르는 대운하의 제4단 루 운하(魯運河)와 그 위에 놓인 철교의 모습. 철교 아래는 지닝 부두이다.

제5단 : 타이얼좡台兒莊에서 화이인淮陰에 이르는 중 운하中運河

제6단 : 화이인淮陰에서 양저우揚州에 이르는 리 운하里運河

제7단 : 전장鎭江에서 항저우杭州에 이르는 장난 운하江南運河

대운하는 역대의 중요한 뱃길로서 동서남북의 경제와 문화 교류에 크게 이바지하였음은 재론을 필요로 하지 않는다. 하지만 19세기 청대 중엽에 남북간의 해운업이 발달되고 철도가 부설됨으로써 한때 그 역할이 축소되기도 하였다. 설상가상으로 황하의 유로 변화에 따른 산둥 성 경내의 유량이 부족해져 수심이 얕아짐으로써 남북 통항이 단절되기도 했다.

새로운 중국이 건국된 후 대운하는 많은 부분을 단 구간별로 준설, 확장하였다. 접안 시설과 새로운 항구를 건설하는 한편, 새로운 형식의 선갑船閘을 만들어 현대화함으로써 대운하에 새로운 활력을 불어넣어 주었다.

◎ 징항 대운하(京杭大運河)의 갑문인 싼바오촨자(三堡船閘).

◎ 지닝 부두(濟寧埠頭)에서 하역을 기다리고 있는 무연탄을 만재한 선박들.

Part 4 남선북마 : 하이커우에서 웨이하이까지

지닝에서 대량 산출되는 고품위 무연탄은 대운하를 통하여 타지역으로 활발하게 송출되고 있다.

06 쉬저우의 석탑원

군사·교통상의 요지 쉬저우(徐州)

쉬저우徐州는 장쑤 성江蘇省 북서부의 웨이산 호微山湖 남안에 자리잡고 있는 도시로 산동 성과의 경계 부근에 위치한다. 윈룽雲龍, 구로우鼓樓, 쟈왕賈汪, 취안산泉山, 쥬리九里 등의 5구와 퉁산銅山, 수이닝睢寧, 페이셴沛縣, 펑셴豊縣 등의 4현, 피저우邳州, 신이新沂 등의 2개 현급시를 관할하고 있으며 전체 관할 면적은 11,251km²이다. 전체 인구는 약 880만 명(1999)이며 그 가운데 시구의 인구 수가 150만 명 정도이다.

쉬저우의 최한월(1월) 평균 기온은 0.5℃, 최난월(7월) 평균 기온은 27℃, 연평균 강수량은 900mm로 난온대 계절풍 지역에 속하며 사계절의 변화가 뚜렷하다. 일반적으로 기후가 온화하며 강수량은 적당하고 일조시수가 많다. 토지는 평탄, 비옥하며 각종 농산물이 풍부하여 전국적으로도 중요한 농업 기지이다.

한편 평야 지대에 자리하면서도 구릉성 산지가 주변을 둘러싸고 있어 군사·전략적 가치가 매우 큰 도시여서 역사상 이 지역에서 치러진 전쟁만도 200여 회에 이른다. 최근의 일로는 1938년의 항일 전쟁抗日戰爭, 1948~1949년에 걸친 화이하이淮海 전역 등이 유명하다. 현재도 징후京滬와 룽하이隴海 양대 간선이 교차하는 철도 교통의 요지이며 상업적으로도 매우 중요하다.

또한 쉬저우는 백리매전百里煤田으로 불리듯 석탄 자원의 보고이기도 하다. 시역의 넓은 범위에 걸쳐 고생대 말기에 해당하는 페름기의 지층에서 풍부하고도 품위가 높은 무연탄이 산출되고 있다.

한대(漢代)의 문화 유산

쉬저우는 일찍부터 역사적으로 이름 있는 도시로 자리매김하여 왔다. 옛날에는 팽성彭城이라고 불렸는데 서초패왕西楚霸王 항우項羽가 도읍했던 곳이다. 쉬저우의 펑셴은 한 고조 유방劉邦의 고향이어서 천하를 통일한 유방이 서한(전한) 왕조를 창건한 이래 18대 400여 년간(전206~후220) 매우 중시되었던 곳이다. 따

○ 서초패왕 항우(項羽)가 병사들을 훈련하고 마술을 익히고 조련했다고 하는 시마타이(戲馬台). 항우의 일대기를 새긴 석판 기념관도 있다.

◯ 구이산 한묘(龜山漢墓)의 입구 전경. 입구에서 두 가닥의 평행된 56m의 통로를 따라 들어가면, 화강암을 굴착하여 정교하게 조성된 웅장한 지하 궁전이 나타난다. 묘실과 함께 침실과 거실, 마굿간, 부엌 등을 고루 갖추고 있다.

◯ 2천여 년 전에 만들어진 괴상한 짐승의 모습을 한 묘수석이 오늘날까지도 구이산 한묘를 지키고 있다

라서 쉬저우에는 한대의 문화 유산이 많이 남아 있다.

구이산 한묘(龜山漢墓)

서한(전한) 제6대 초왕 류주劉注의 부부 합장묘로 동서의 길이 83m, 남북 최대 33m에 이른다. 구이산 산龜山의 화강암체를 정교하게 굴착하여 파낸 대소 15개의 동방洞房을 가진 지하 궁전식 묘실이다.

내부 구조를 살펴보면 남북으로 각기 56m에 이르는 두 가닥의 낭

○ 구이산 한묘의 도굴을 막기 위하여 만든 새석(塞石). 화강석으로 한 변이 각각 2.3m이고 중량이 7톤인 새석 40덩어리를 만들어 묘의 입구와 통로를 교묘하게 폐쇄해 놓았다.

하식 통로와, 오부澳部에 이르면서 통로 양쪽으로 침실, 객청, 마구간, 부엌, 욕실, 측간, 무기고, 악기고, 정호 등을 갖추고 있다. 이 지하 궁전의 만세 보전을 위해서는 한 덩어리에 6~7톤에 달하는 새석塞石(blocking stone) 26덩어리를 만들어 2개의 통로를 세밀하게 봉쇄하였으니 정밀하고도 기세 웅위한 걸작품이라 하지 않을 수 없다.

2000년이란 오랜 세월 동안 구이산 산龜山 아래에 보존된 이 무덤은 조성 당시의 사람들의 숨결을 피부로 느끼게 하는 기술 수준과 생활 문화를 그대로 간직하고 있는 위대한 인류 문화의 유산이다.

한병마용박물관(漢兵馬俑博物館)

시안西安에서 진시황릉 병마용이 발굴된 이래 쉬저우徐州에서도 병마용이 발굴되어 세계 고고학계를 깜짝 놀라게 하였다. 이 병마용은 서한(전한) 초왕의 부장품으로 4,000여 점에 이르는 거창한 규모이며 사실적 방법으로 정교하게 만들

어진 예술성 높은 작품으로 이를 통해 한대의 군사적 편제와 병사들의 사상과 정신 세계까지 엿볼 수 있다.

현재 병마용 발굴 현장에는 점지 면적 20,400m²의 박물관이 세워져 있다. 형태가 각기 다른 6개의 갱에서 출토된 병마용들을 대오를 갖추어 재현해 놓은 모습은 마치 보무 당당한 당시 부대의 모습을 그대로 보는 듯하였다.

동양 최대의 석탑원 '면양석파(綿羊石坡)'

쉬저우를 여행하며 얻은 가장 놀라운 성과는 동양 최대의 석탑원 지형(카런펠트) 발견이었다. 우리는 주의를 기울여 이 지역의 현장과 문헌을 탐색하였으며 다음과 같은 사실들을 알아냈다.

이 지역의 석탑원은 크게 세 군데로 나뉘어진다. 첫째, 웨이산 호微山湖 남부의 리궈전利國鎭에서 류취안전柳泉鎭 사이의 지바오奇堡, 나우보鐃鈸, 가오황먀오高皇廟, 싼장마오三張茂, 둥마자東馬家, 시바오西堡에 이르는 범위에 걸쳐 나타나는 눈부신 석탑원 지형이다.

둘째, 쉬저우 시 북부의 장자린張家林과 마오춘전茅村鎭, 다강터우大崗頭, 둥산洞山 등지와 쉬저우 시 동쪽의 둥허춘東賀村, 다후大湖, 냔상垵上, 선뎬沈店 일대이다.

● 양군석파(羊群石坡)란 이름의 양군원(羊群原 : Karrenfeld), 취안산 산림공원 내에 광범위하게 분포하고 있는 이 석탑원은 은폐 및 차폐가 용이하여 수많은 혈전이 거듭된 역사의 현장이 되기도 하였다.

셋째, 쉬저우 시 북쪽의 쥬리 산九里山과 윈룽 호雲龍湖 남부의 한왕전漢王鎭, 하전워蛤針窩 타이상台上, 자오산焦山 지역과 쉬저우 시 서부의 다펑전大彭鎭, 샤오산쯔小山子, 류신좡劉新庄 일대의 저구릉 지대 및 거의 평지와 다름없는 사면에 전형적인 석탑원이 발달해 있다. 이들 석회암 지대는 대체로 쉬저우

시를 중심으로 NE~SW 방향의 주향으로 발달하며 고생대 전기에 해당하는 Cambro-Ordovician system의 석회암들이다.

세계적으로 석탑원들은 프랑스 어 기원의 라피에lapie, 독일어 기원의 카런karren을 사용하며 영국에서는 독자적으로 클린트clint를 사용하지만 그 사용되는 예가 적다. 그리고 러시아에서는 독일어 기원의 슈라뜨이шратты(schratten)을 사용한다. 한편 중국인들은 자기들만의 독특

화이하이(淮海) 전역 열사기념탑. 77만 m²의 원림 내에는 38.15m 높이의 이 기념탑과 각종 전투 상황 및 무기와 유품들을 전시한 전역 기념관이 건립되어 있다.

한 주체성을 살리는 의미에서 카런의 개체에 대해서는 룽거우溶溝와 스야石芽를 사용하며 석탑원인 카런펠트에 대해서는 스야취石芽區란 용어를 쓰고 있다. 쉬저우 스야취의 전형은 윈룽 호 남부에 위치한 취안산泉山 산림공원 일대의 기봉괴석奇峰怪石으로 표현되는 '몐양석파綿羊石坡'와 화이하이淮海 전역열사기념탑 부근의 카런펠트로, 이들은 특히 가장 특징적인 원정 스야圓頂石芽(runt karren)라고 할 수 있다.

한마디로 이 일대는 아시아 지역 최대의 카런펠트 모식지로서 일본의 아끼요시다이秋吉台와 히라오다이平尾台와는 비교가 되지 않을 만큼 훌륭하다. 각종 카런의 모식적 세분화와 분류에 있어 훌륭한 연구의 터전으로 보전 개발되어 카르스트 지형학 연구에 크게 기여하기를 희망한다.

07 공자의 고향 취푸

공자(孔子)의 고향을 찾아

지난濟南의 밍후 호텔을 출발하여 구산崛山, 장샤張夏, 완더萬德를 지나 타이산泰山 시까지는 70여 km, 여기서 또다시 70여 km를 남진하였다. 그 경로는 만좡滿莊, 다원大汶, 츠야오磁窯, 우춘吳村을 지나 취푸曲阜에 이르는 도정인데 고색 창연한 건축물과 가로수들이 당당하게 그 깊이와 역사를 드러내며 방문객들을 맞는다.

취푸는 춘추 전국 시대 말기의 교육가, 정치가, 사상가이며 유교의 창시자인 공자孔子의 고향이다. 그는 노魯나라 조우이陬邑 사람으로 오늘날의 산둥 성 취푸曲阜의 남동부에서 태어났으며 이름은 구丘이고 자는 중니仲泥이다.

공자의 선대는 송나라 귀족이었으나 그의 소년 시절은 가난하고 곤궁했다. 나이 50이 되어서야 노나라의 정공定公에게 중용되어 정치가로서 탁월한 수완을 발휘하였지만, 56세에 실각하여 송宋 · 위衛 · 진陳 · 채蔡 · 제齊 · 초楚 등을 13년간에 걸쳐 순방 유세를 하였다.

68세에 노나라로 돌아온 공자는 만년을 교육과 시서의 정리를위한 저술에 모든 정성과 노력을 다하게 된다. 공자의 제자는 무려 3000명이나 되는데 그 중 뛰어난 제자만도 70여 명이 있었으며 안회顔回, 자로子路, 자공子貢, 증삼曾參 등은 늘 공자의 주변을 떠나지 않았다.

공자의 언행과 사상은 오늘날 '논어論語'에 담겨 전해지고 있다. 또한 서한 이래 역대의 제왕들은 매년 그에게 제사를 지내며 그의 덕을 기려 왔다.

○ 공묘의 대문 링싱먼(欞星門). 문 이름에는 나라에 쓸모있는 인재를 배출한다는 뜻이 포함되어 있다.

공묘(孔廟)

공묘는 공자의 제사를 지내는 사묘祠廟로서 공자의 고택을 근거로 기원전 491-477년 루아이공魯哀公 때 건설된 최초이자 최대의 공자묘이다. 웅장한 규모를 자랑하는 이 공자묘는 전체 면적 32,700m²에 460여 칸의 방옥을 갖추고 있다.

주요 건축물로는 금·원 양대에 걸쳐 만들어진 비정碑亭과 명대에 건조된 쿠이원거奎文閣, 청대에 중수한 다청뎬大成殿 등이 있다.

링싱먼(欞星門)

공묘의 대문인 링싱먼은 전설의 천상문성天上文星, 즉 영성欞星에서 도입된 이름으로 나라에 쓸모있는 인재를 배출한다는 뜻이 포함되어 있다.

Part 4 남선북마 : 하이커우에서 웨이하이까지

목조 건축물로 명대에 세워졌으며 청 건륭 10년인 1754년에 중수되었다. 문안에는 태화원기방太和元氣坊, 지성묘방至聖廟坊, 덕모천지문德侔天地門, 도관고금道冠古今 등의 건물들이 있다.

성스먼(聖時門)

공묘 제2의 도문道門으로 명대에 건축되었으며, 문의 이름은 맹자가 '성지시자야聖之時者也'라고 공자를 칭송한 글귀에서 도입되었다. 문 안에는 콰이두먼快睹門, 양가오먼仰高門이 있는데 모두 논어에서 취한 이름들이다.

비수이차오壁水橋와 훙다오먼弘道門을 지나면 공묘의 제4도문道門인 다중먼大中門에 이르는데, 이 문은 송대 이전에는 공묘의 제1도문이었으며 명의 홍치 연간에 중수되었다.

퉁원먼(同文門)

공묘의 제5도문道門으로 독립된 건물이며 규문각과 구별하기 위해 동서로 뻗은 성벽이 없다는 것이 특색이다. 원내에는 명대의 홍무洪武, 영낙永樂, 성화成化, 홍치弘治 등 황제들의 어비가 있다. 이들 중 성화비成化碑가 가장 큰데 높이가 6m에 너비는 2m를 넘는다. 퉁원 문 북동 모퉁이와 북서 모퉁이에는 한 개의 독립된 원락인 제숙齊宿이 있는데 목욕 재계하는 곳이다.

쿠이원거(奎文閣)

명 홍치 13년(1500)에 확대 건축된 목조 건물로서 그 높이는 23.35m이며, 문면門面 7칸, 진심進深 5칸, 비첨飛檐 3층, 두공사중斗栱四重, 녹와주맹祿瓦朱甍 등으로 구성된 중국의 저명한 고대 목조 누각이다.

이 곳에는 역대 제왕들의 사서賜書와 묵적이 소장되어 있다. 경내에는 13개의 비정碑亭이 두 줄로 늘어서 있는데 금·원·청 3대의 황제가 당·송 이래의 비석을 보호하기 위해 세운 것들이다. 그 중에서 가장 큰 것이 청 강희 25년(1686)

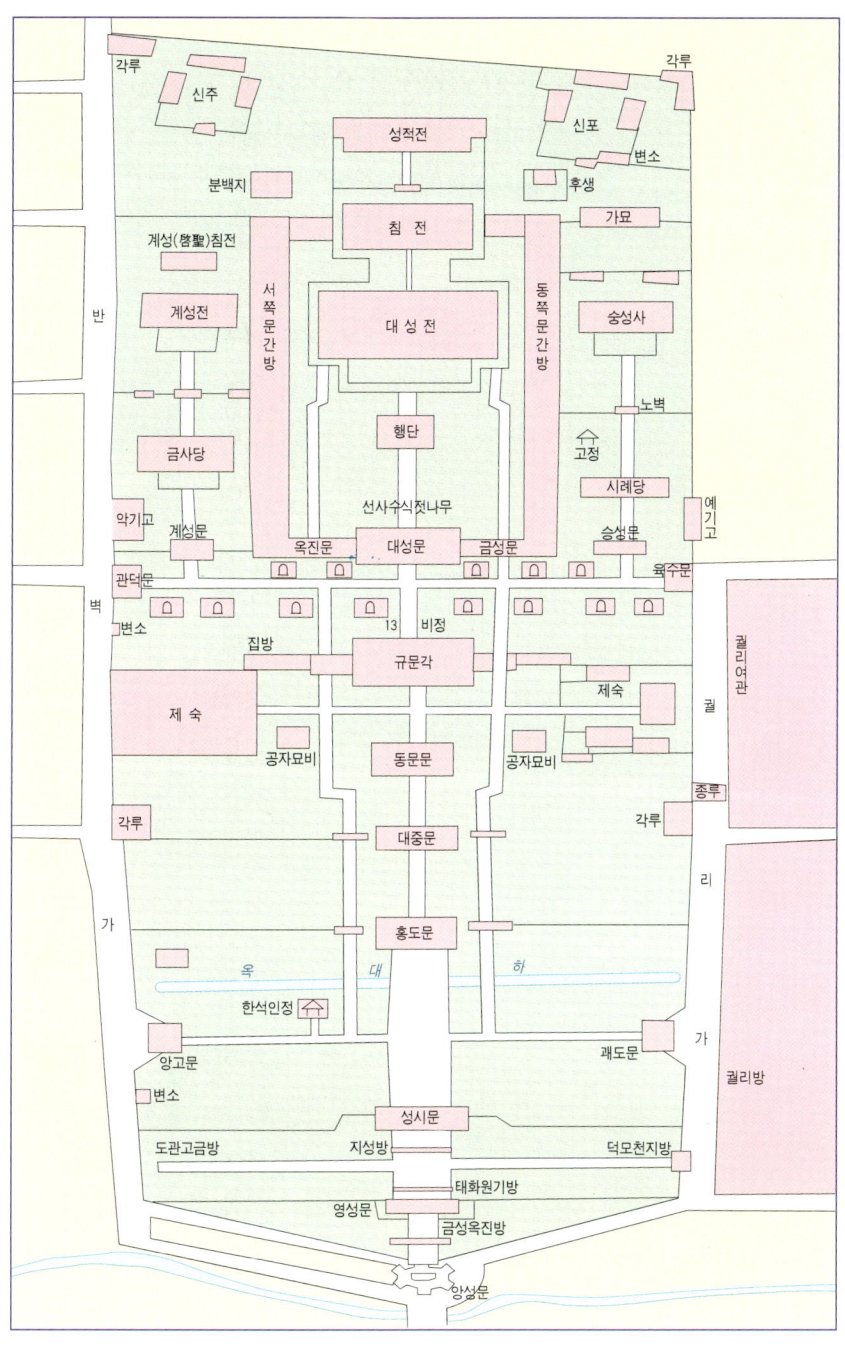

● 공묘(孔廟) 배치도

◐ 다중먼(大中門)은 규문각 앞의 퉁원먼(同文門)과 훙다오먼(弘道門) 사이에 있는 공묘의 제4 도문으로 명 지순 2년에 건립되었다.

에 세워진 비석으로 비신의 무게만도 35톤이며 기대석과 비 상부를 합치면 무려 65톤에 이르는데 베이징의 서산에서 채석된 돌로 만들어졌다고 한다.

다청먼(大成門)
공묘의 제7도문으로 명대의 건축물이다. 문의 이름은 공맹孔孟을 집대성하였다는 뜻이라고 알려져 있다. 실제로 다청먼은 공묘 내의 궁전식 주체 건물이 되는 다청뎬大成殿의 대문격이다.

다청뎬(大成殿)
공묘의 정전인 다청뎬은 베이징의 타이허뎬太和殿에 이은 중국 제2의 대건축물로 알려져 있으며, 타이산 시泰山市에 있는 톈쾅뎬天貺殿과 함께 중국 3대 고건축물 중의 하나이기도 하다. 명 성화 16년인 1480년에 중수되었고, 홍치 13년의 화재 이후 중건되었다.

○ 공묘의 정전인 다청뎬(大成殿)은 노란 유리기와를 얹은 2중 팔작지붕으로 되어 있다.

Part 4 남선북마 : 하이커우에서 웨이하이까지

◯ 다청뎬(大成殿)은 베이징의 태화전에 이은 중국 제2의 건축물로 타이산 시에 있는 천광전과 함께 중국 3대 고건축물에 속한다.

◯ 공묘에는 13비정과 섞여 석비 53좌가 공존하는데 대성전 오른쪽에 많다.

다청뎬은 점유 면적 1,836m²에 동서의 길이 54m, 진심進深 34m, 높이 32m의 건축물로 28개의 돌기둥에 의해 지탱되고 있다. 전면의 10개 기둥에는 구슬을 휘감은 2마리의 용이 조각되어 있는데 살아 있는 용으로 착각될 정도로 정교하다.

특히 다청뎬 건물은 북경의 고궁과 비슷할 뿐 아니라 황제의 상징인 용과 황색의 유리지붕으로 인해 역대 제왕들이 공자를 얼마나 존중했는가를 알게 해 준다.

침전(寢殿)

다청뎬大成殿 후면에 자리잡고 있는 침전은 공묘의 3대전 중 하나로 공자의 부인 지관丌官 씨를 모시고 있다.

송의 천희 2년(1018)에 건설되었는데 명 홍치 13년에 확대 건축되었다. 다시 청의 옹정 8년인 1730년에 중수하여 넓이 7칸에 깊이 4칸의 비첨두공飛檐斗栱 황와주맹黃瓦朱甍되어 있다. 건물 둘레의 22개 팔각 석주에는 봉황과 모란이 새겨져 있다.

○ 공묘(孔廟) 동쪽 담장 바깥쪽의 궐리가로 출입하는 문이다. 궐리는 공자의 고향이라는 일설이 있다.

성적전(聖迹殿)

침전 뒤에 있는 건물로 명의 만력 20년 서기 1592년에 순안어사巡按御史 허 추광 何出光이 수건하였다. 전내에는 공자의 일생을 석판에 조각한 성적도聖迹圖 120폭이 안치되어 있다.

Part 4 남선북마 : 하이커우에서 웨이하이까지

○ 만인궁장(萬仞宮牆)이라고 쓰여진 공묘 정남에 자리잡은 앙성문(仰聖門). 일종의 옹성으로 축성되었다.

이것은 공자의 일생 동안의 활동을 일목요연하게 묘사한 고사적故事的 연환석각화連環石刻畵로 진대晉代, 당대唐代 화가들의 솜씨를 살펴볼 수 있는 예술사적으로 중요한 진품이라고 한다.

○ 앙성문 남쪽의 안개 서린 신도에는 수령 2천 년을 헤아리는 고색 창연한 향나무 가로수 사이로 사람들의 발길이 끊이지 않는다.

공부(孔府)

공부란 취푸 시 성내의 옌성 공부衍聖公府를 일컫는다. 공부는 서쪽으로 공묘孔廟와 연접되어 있으며 역대 옌성 공衍聖公의 관서와 사저의 역할을 해 온 곳이다. 중국의 역대 제왕들은 공자를 존중하고 기려, 공자의 자손에게는 제후와 동등한 지위를 부여했을 뿐 아니라 송대에 이르러서는 특별한 작위까지 주었다. 송 지화 2년(1055)에 공자의 46세손 쿵 쫑위안孔宗愿이 옌성 공에 봉작된 이래 공부는 세습되었고, 공자의 적장자가 살던 궐리闕里 고택은 습봉택龔封宅으로 부르게 되었다.

공부의 면적은 240여 무畝이며 총 463칸으로 이루어져 있다. 내부는 중·동·서로의 세 부분으로 나뉘어 있다. 동로는 가묘의 소재지로 이관당一貫堂과 무언당慕恩堂이 있다. 서로에는 홍어쉔紅萼軒, 중수당忠恕堂, 안화이당安懷堂 등이 있으며 옌성 공이 책을 읽거나 시가를 읊는 곳으로 또는 초대된 손님과 일반 내객이 머무르기도 하는 객실로 사용되었다. 공부의 주체부가 되는 중로에는 3당 6청三堂六廳의 관아를 두었는데 이는 봉건 왕조의 육부를 본떠 만든 것이다.

공림(孔林)

취푸청曲阜城 북방 1.5km에는 공림孔林의 대문인 즈성린팡至聖林坊이 있다. 성림聖林이라고도 불리는 이 곳에는 공자를 비롯하여 이름 있는 그의 제자와 자손들

◯ 취푸 성(曲阜城) 북방 1.5km에 있는 묘역 공림(孔林). 2,480여 년 전 공자의 장례를 치른 이래 공자 후예와 자손들이 다수 매장되었다.

○ 공림(孔林)에 있는 고색 창연한 수목들. 공자의 제자들이 자기의 향리에서 특색 있는 나무들을 옮겨 심은 것이라고 전해진다.

이 많이 매장되어 있다.

역대 제왕들이 끊임없이 묘전墓田을 내려서 청대에는 이미 3,000무에 이르렀고 공림의 담장 둘레만도 7km에 달하였다. 숲 속에는 묘총墓冢이 겹겹이 심어졌고, 비갈碑碣이 숲을 이루며 돌의 모양도 다채롭다. 주수이洙水라는 내가 동서로 흐르며 주수이 교를 넘으면 할아버지 공자로부터 공리孔鯉, 공이孔毅 등의 3대 능묘가 있다.

특히 공림에는 여러 가지 수종의 늙은 나무들이 하늘을 찌를듯 서 있는데 이들 나무들은 공자의 제자들이 자기 향리의 특색 있는 나무들을 옮겨 심은 것이라고 전해진다. 고목 2만여 주가 단아한 모양새를 하고 기품 있게 서 있는 이 곳은 역사상 가장 오래된 조원림造園林이랄 수 있다.

취푸 장마당에서 만난 동포 할머니

국내외를 막론하고 어디를 가나 우리 지리를 전공으로 하는 사람들은 재래 시장을 찾아 지역의 경제 사정을 살피는 습관이 있다. 그래서 마지막 순서로 취푸 시장을 찾기로 하였다.

우리는 시장에서 두툼한 누비옷을 걸친 60대 할머니 한 분이 비닐로 온실처럼 꾸민 손수레에서 김치를 파는 것을 우연히 보게 되었다. 김치를 파는 분은 의심할 여지 없이 우리 동포임에 틀림없다. 나는 반색을 하며 손수레로 다가가 대뜸 "할머니 반갑습니다. 한국의 서울에서 여행차 아들과 함께 왔습니다."라고 말하며 할머니의 손을 덥석 잡았다. 할머니도 무척 반가이 우리를 맞아주며 오늘 장사를 마감할 테니 자기집으로 가서 며칠 동안 쉬며 취푸의 이모저모를 알뜰하게 보고 가라고 하셨다.

할머니께서는 며칠 전에도 서울에서 온 곡부曲阜 공씨 일행을 우연히 만나 도와 주셨다는 말씀을 하셨다. 그리고는 손수레를 접으려 하시길래, 감사하지만 워낙 빠듯한 일정이라 다음 기회로 미루어 주십사 양해를 구해야만 했다.

◎ 우마츠(五馬祠) 상구에서 만난 김치장사 동포 할머니.

한편 중국에서는 김치를 원래 파우차이泡菜라고 하는데 한국식 짠지(셴차이咸菜)의 일종으로 분류되어 어디를 가나 셴차이鹹菜로 통용된다는 것을 알았다. 할머니의 김치온실 손수레 속에는 무장아찌, 마늘장아찌, 파김치, 총각김치, 고추장아찌, 오이장아찌를 비롯하여 우리의 전통적인 소금과 간장, 된장, 고추장 조림의 짠지들이 가득했다. 언제부터인지 모르지만 짠지, 즉 셴차이鹹菜는 중국 사람, 특히 한족漢族의 사랑을 받는 기호 식품으로 자리잡고 있다.

Part 4 남선북마 : 하이커우에서 웨이하이까지

08 중국의 성산 타이산 산

> 태산이 높다 하되 하늘 아래 뫼이로다.
> 오르고 또 오르면 못 오를 리 없건마는
> 사람이 제 아니 오르고 뫼만 높다 하더라.

이것은 조선 시대의 문인 양사언(1517-1584)의 시조이다. 여기서 보면 우리 나라 사람들에게 태산泰山, 즉 타이산 산의 높이는 엄청나게 과장되어 있음을 알 수 있다. 물론 타이산 산이 등산하기 어려운 험한 산이긴 해도 실제로는 최고봉인 옥황봉玉皇峯이 1,532.8m에 불과한 중산성의 구릉성 산지이다. 그러나 그 빼어남은 예부터 중국의 5악(타이산 산泰山, 화산 산華山, 형산 산衡山, 쑹산 산嵩山, 헝산 산恒山) 중 으뜸으로 알려져 있다.

타이산 산泰山은 산둥 성山東省 중부의 타이산 시에 위치하고 있는데 이미 기원전 2세기~기원전 1세기에 서한(전한)의 문학가 동방삭東方朔과 당나라의 시선 이백李白, 시성 두보杜甫가 시적을 남겼을 정도로 유명한 산이다.

뿐만 아니라 중국의 고대 제왕들은 등극하면 우선 타이산 산의 산록과 산정에서

◐ 다이쭝팡(岱宗坊)은 타이산 산 동로로 등산하는 대문격이다. 명의 융경 연간에 세워졌고, 청 옹정 8년인 1730년에 중수되었다.

봉선 의식(흙으로 단을 만들어 하늘에 제사를 지내는 일)을 행하였다. 진시황과 한무제를 비롯하여 하夏·상商·주周 3대에만도 72인의 군주가 이 곳에 와서 봉선하였다는 이야기도 있으니 그 역사의 오램은 타의 비교를 허락지 않는다.

산정에는 태산부군泰山府君의 딸 벽하원군碧霞元君을 모신 옥황묘玉皇廟가 있다. 태산부군이란 명부冥府, 즉 죽은 자를 다스리는 타이산 산의 신이라고 한다.

타이산 산은 길이 20km의 편마암으로 된 단층 산지로 총 관광 코스는 9km이고 걸어 오를 수 있는 계단수는 무려 6,293단이다. 1983년 9월에는 중톈먼中天門에 케이블카가 설치되어 남톈먼南天門까지 7~8분이면 오를 수 있게 되었다.

중톈먼으로 오르는 길은 두 갈래인데 서로西路는 포장된 자동차 도로이고, 동로는 정통 코스로 계단을 오르는 등산로이지만 중톈먼까지는 노약자도 천천히 오를 만하다. 특히 타이산 산 동로東路의 경우 출입문이라고 할 수 있는 다이쭝팡岱宗坊을 기점으로 정북방으로 오르게 되는데 도중에 흥미롭고 다양한 볼거리들이 즐비하여 등산의 노고를 잊을 수 있다.

Part 4 남선북마 : 하이커우에서 웨이하이까지

왕무츠(王母池)

옛날에는 췬위안群玉庵, 야오츠瑤池 등으로 불리어 왔다. 다이쭁팡 북쪽의 후산산虎山과 계곡을 바라보며 오르면 이 곳에 이르게 되는데, 주변은 울창한 노목들이 숲을 이루어 낮에도 해를 볼 수 없다. 옛날 타이산 산을 오르는 군주들이 잠깐 쉬었다 간 곳이라고 한다.

타이산 산 남록의 좋은 피서지이기도 한 이 곳에는 1956년 저수지가 건설되었는데 후산 저수지라는 이름이 붙었다. 댐위를 통하여 후산 산에 이를 수 있기 때문에 붙여진 이름이다.

훙먼궁(紅門宮)

왕무츠 호 북서쪽에 자리잡고 있으며 여기가 타이산 산을 등정하는 돌계단의 기점이 된다. 훙먼紅門이라는 이름은 궁 북서쪽 벼랑에 문짝과 같은 붉은 돌 2개가 있는 데서 얻었다고 한다.

앞쪽에는 이톈먼一天門이 있는데 공자가 등림登臨한 곳이라고 한다. 궁은 동서로 나뉘어지는데 서쪽의 정전 3칸은 벽하원군전碧霞元君殿이고 동쪽의 정전 3칸은 미륵불전이다.

완셴러우(萬仙樓)

일명 왕셴러우望仙樓라고도 불리며 훙먼궁 북쪽에 자리잡고 있는 누각이다. 과루過樓 3칸은 황색 유리기와로 덮혀 있다. 이 건물은 명 만력 48년인 1620년에 건축되었고 1954년에 중수되었다. 누각 바깥쪽 네 벽에는 명대의 석각 64괴가

○ 왕무츠(王母池) 입구. 산림이 울창하여 옛날 타이산 산에 오르던 군주들이 쉬었다 갔다고 전해지는 곳으로, 일명 췬위안(群玉庵)이라 한다.

● 타이산 산(泰山) 등산로와 관광 자원

Part 4 남선북마 : 하이커우에서 웨이하이까지

음각되어 있다.

한편 달밤에 누각에서 북쪽 도화곡桃花谷의 계류를 바라보면 그 경색이 매우 아름다워서, 이를 선루월야仙樓月夜라 부른다고 한다.

떠우무궁(斗母宮)

완셴러우에서 오르는 등산로의 동쪽 기슭에 흐르는 계류천가의 룽취안관龍泉觀은 원래 여도사의 거처였다. 건축을 시작한 연대는 알 수 없으나 명의 가정 연간에 중건하고 개명하여 떠우무궁斗母宮이라 하였다.

취안산팡泉山房의 추녀는 계류에 닿을 듯 말 듯 하고 겹겹이 쌓인 폭포와 폭담은 조뢰早瀨가 되어 층층이 흘러내리는데 그 소리가 마치 우레와 같으니, 정중동의 미덕 또한 갖춘 타이산 산 명승지 중의 하나이다.

징스위(經石峪)

징스위는 떠우무궁斗母宮 동북방 1km에 자리잡고 있는 골짜기를 가리킨다. 이 곳에는 넓고 경사진 반석면에 한 글자의 크기가 무려 50cm²나 되는 금강반야바라밀경金剛般若波羅蜜經 2,500여 자가 음각되어 있다.

이 금강경 글자들은 지금으로부터 1,420여 년 전인 북제 때(555-577)에 새겨진 것이다. 그 동안 오랜 세월이 흐르면서 1,457자가 풍화·침식되어 남아 있는 것은 1,043자에 불과하지만, 현재 중국의 진귀한 역사적 유적으로 인정받아 보존되고 있다.

○ 징스위(經石峪)는 떠우무궁 동북방 1km에 위치하며 금강반야바라밀경 2,500여 자를 각각 50cm²의 크기로 음각한 진귀한 문화재이다.

후톈거(壺天閣)

바이둥 柏洞 북쪽에 자리잡고 있으며, 명대에 건축되어 가정 연간에는 성셴거 升仙閣라 불렸다.

청 건융 12년인 1747년에 확대 건축된 후 후톈거로 개명되었는데, 대체적으로

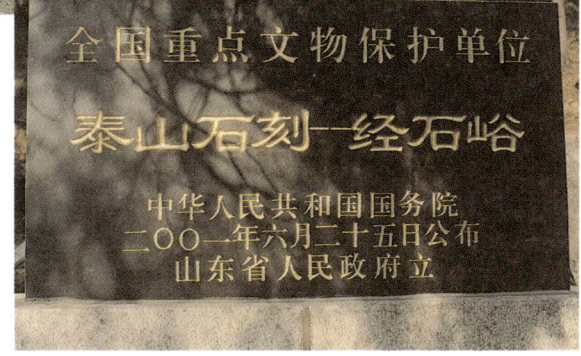

Part 4 남선북마 : 하이커우에서 웨이하이까지   81

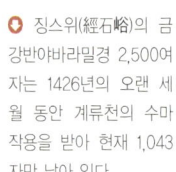

◐ 징스위(經石峪)의 금강반야바라밀경 2,500여 자는 1426년의 오랜 세월 동안 계류천의 수마 작용을 받아 현재 1,043자만 남아 있다.

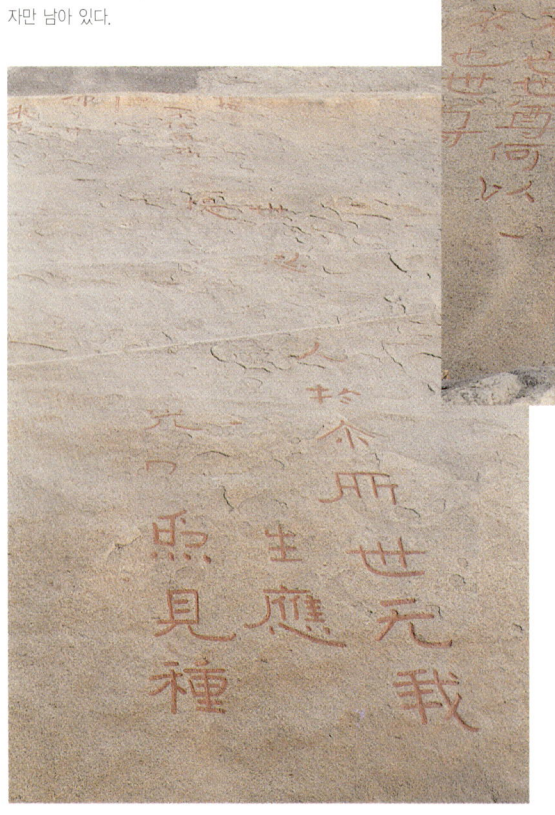

◐ 금강반야바라밀경 글자가 원형대로 잘 보존된 곳을 골라 촬영한 것이다.

산세가 단지 같다는 뜻에서 얻게 된 이름이다. 3면이 산으로 둘러싸이고 다른 한 면은 늙은 측백나무로 가로막혀 있어, 마치 단지 속에서 하늘을 쳐다보는 것 같다.

후이마링(廻馬嶺)

원래는 스관石關이라 불렀었는데, 이 곳에서부터 산세가 험해져 말을 타고 산을 오르는 것이 불가능하기 때문에 말을 되돌려 보낸다(廻馬)는 뜻에서 후이마링廻馬嶺이란 이름이 붙여졌다고 한다. 중국의 역사서에는 당나라의 현종이 이 곳에서 말을 내려 가마를 탔다는 기록이 있다(다른 문헌에는 송나라의 진종으로 기록되어 있다).

중톈먼(中天門)

별칭 얼톈문二天門이며 부근 일대의 토질이 적황색을 띠고 있어 황셴링黃峴嶺이란 이름도 가지고 있다. 이 곳은 타이산 산 서로와 동로가 만나는 회합점이자 타이산 산 등정의 절반에 해당한다. 1972년에 호텔(賓館)과 2개의 정자가 지어져 관광객의 숙식과 쉼터로 제공되고 있다. 청대의 금석학자 우다청吳大澂이 새긴 호석虎石도 있다.

◑ 중톈먼(中天門)은 타이산 산 서로와 동로가 만나는 회합점으로, 타이산 산 서로에서 버스편을 이용하면 편히 오를 수 있다.

우다푸쑹(五大夫松)

운보교雲步橋 북쪽에 자리잡고 있는 소나무로, 진시황 28년(기원전 219)에 시황제가 봉선하러 왔을 때 갑자기 내린 소

○ 난톈먼(南天門)은 일명 싼톈먼(三天門)이라고도 한다. 1983년 9월 중톈먼에서 난톈먼 사이에 공중색도가 설치되어 편안한 등산이 가능하다.

나기를 이 나무 아래에서 피하게 되어 오대부에 봉작封爵되었다.

원래의 소나무는 수령을 다하여 없어졌고, 현재 있는 세 그루의 소나무는 청 옹정 8년인 1730년에 보식된 것이다. 소나무 옆에는 정자 5칸을 지었는데 이름하여 우쑹팅五松亭이라 한다.

난톈먼(南天門)

싼톈먼三天門이라고도 불리는 난톈먼은 원나라 중통 5년인 1264년에 건립되었다. 1983년 9월 중톈먼에서 난톈먼 서쪽의 웨관펑月觀峯까지 공중색도가 건설되

○ 난톈먼을 통과하면 타이산 산 능선에 자리 잡은 톈제(天街)로 이어진다. 문자 그대로 '하늘 동네'인 이 곳에 들어가려면 대문격인 화강석 일주문이 탐승객을 환영한다. 톈제에는 호텔과 식당 및 기념품 상가들이 즐비한데, 이러한 상업 시설들이 타이산의 의미를 퇴색시키는 것 같아 씁쓸하다.

어 가파른 계단을 오르지 않고 편하게 웨관펑에 이르며, 이 곳에서 수평으로 잘 다듬어진 대로를 통하여 난톈먼에 이를 수 있다.

한편 난톈먼 위에는 누각을 지어 마쿵거摩空閣라 하였는데 문안 정면에 1956년 새로이 대청을 지었다. 이 곳에서 타이산 산의 정상까지는 1km 거리이다.

비샤위안쥔츠(碧霞元君祠)

타이산 산의 여신 벽하원군碧霞元君을 모신 사당으로 타이산 산 정상의 남쪽에 자리하고 있다. 원래의 이름은 자오전츠昭眞祠이며 금나라 때에는 자오전관昭眞觀, 명나라 때에는 비샤링유궁碧霞靈佑宮이었다가 청 건융제 때에 오늘의 이름으로 개명되었다.

송대에 처음 건설되고 명·청대에 증수된 대규모의 고대 건축군으로, 벼락을 방지할 수 있는 설비가 있어 중국 고대 건축 기술의 우수성을 평가받을 수 있는 건물이기도 하다. 산문山門 내에 정전 5칸을 짓고 전내 한가운데에 벽하원군의 동상을 모시고 있다.

● 타이산 산(泰山)의 정상인 추슈위황딩(敕修玉皇頂, 1,532m) 위에 세워진 위황뎬(玉皇殿). 새로 등극한 중국의 황제들이 옥황 대제께 제사를 올리는 봉선 의식이 행해지던 곳이다.

● 위황뎬 정상의 화강암 주상절리면에 새겨진 비석군으로 2000여 년 동안의 역사를 읽을 수 있다.

위황딩(玉皇頂)

일명 톈주펑天株峰으로도 불리는 타이산 산 최고봉으로 그 높이는 1,532m이다. 이 곳에는 위황딩의 이름에서 따온 위황뎬玉皇殿이 자리하고 있는데 옥황 대제의 제사를 지내는 곳으로 주변을 담장으로 둘러친 건물이 3칸 있다. 그리고 동쪽에는 관일정觀日亭이 있어 아침 해돋이의 장엄함을, 서쪽에는 망하정望河亭이 있어 낙조에 금띠 두른 황하와 아침의 운해를 감상할 수 있다.

명물로는 높이 6m, 넓이 1.2m, 두께 0.9m의 통상 무자비無字碑로 불리는 비석이 있다. 이 비석은 진시황이 세웠다고 구전되고 있지만 학자들의 고증에 의하면 한 무제가 세운 것이라고 한다.

◉ 아무 글자도 새겨져 있지 않은 무자비(無字碑).

09 샘과 호수의 도시 지난

섣달 그믐날 밤의 만찬

중국 사람들은 그들의 조상이 창안한 음력을 매우 존중하여 특히 춘제春節라고 부르는 설날과 대보름 사이의 15일을 휴일로 정하여 실행하고 있는데, 이 기간에는 이들도 우리처럼 고향을 찾는다. 그러나 워낙 땅 덩어리가 크다 보니 고향을 오가는 데만도 족히 열흘이 걸리기도 한다. 그래서 이 기간 중에는 운송 수단 이외의 모든 기능이 마비되게 된다.

하필 1993년 지난濟南에 도착했을 때가 이 무렵이었다. 우리 일행은 호텔을 찾아 헤매다가 간신히 영업하는 곳을 찾을 수 있었다. 그 곳은 베이위안 로北園路에 자리잡은 밍후다쥬덴明湖大酒店이란 지난 최대의 현대식 호텔이었다. 우리는 이 호텔을 기지로 삼아 산둥 성을 여행하였다.

음력 섣달 그믐날 택시를 하루 대절하여 취푸曲阜의 공묘孔廟와 타이산 산泰山을 답사하고 호텔로 돌아오니, 깨끗하게 정돈된 객실의 침대 머리맡에 다음과 같은 초청장이 놓여 있었다.

○ 지난 시 취안청 로(泉城路) 부근에 자리잡은 호텔 밍후다쥬뎬(明湖大酒店)을 밝힌 화려한 네온싸인.

尊敬的各位賓客

除夕將至. 喧囂的炮竹聲將迎來吉祥的長鳴鷄年. 在這中華民族的傳統節日里, 視賓客爲上帝的敝店總經理趙秉金先生擬恭請各位賓客免費共進除夕晚餐, 界時, 促膝的敍談, 誠摯的友誼將會使您暫忘思鄕之情, 念親之緖, 渡過一個鐫永美好的除夕之夜.

****

- 時間 : 元月22日 PM24:00
- 地點 : 一樓荷鄕廳

이를 해석하면 대충 이러하다.

존경하는 빈객 여러분!
섣달 그믐날 밤(除夕) 떠들썩한 폭죽소리 그리고 상서로운 닭의 긴 울음소리와 더불어 닭해를 맞이하시기 바랍니다. 중화 민족의 전통 명절을 맞이하여 손님을 황제와 같이 모시는 폐점의 자오 삥진趙秉金 총지배인은 삼가 여러분을 무료로 제석만찬除

Part 4 남선북마 : 하이커우에서 웨이하이까지

夕晚餐에 초대합니다.

이 자리를 빌어 극진한 우의의 만남과 정다운 대화로 잠시나마 고향 어버이의 생각을 잊으시고 거쳐 가시는 전영鎸永의 아름다운 그믐날 밤이 되시기를 바랍니다.

주(註) : 전영(鎸永)은 한서(漢書) 괴통전(蒯通傳)의 저자명임. 내용 중에서 감미롭고 뜻깊은 밤이 전개되는데 그와 비교할 만한 뜻있고 감미로운 제석(除夕)으로 이끌어 가자는 초청자의 뜻을 강조한 대목이다.

모든 음식점이 문을 닫아서 돈을 가지고도 사먹을 수 없는 춘절(설날)인지라 총지배인의 애틋하고 섬세한 배려가 가슴을 뭉클하게 했다. 시간을 기다려 밤11시 50분 1층 하향청荷鄕廳으로 내려갔다. 우리 부자와 타이완 교포 17명 등 모두 19명이 모여 앉았다.

사회자로 보이는 총지배인 조리助理라는 직함의 허우 원쥔侯文君이 총지배인 자오 삥진趙秉金 씨를 소개하였다. 50대 초반의 잘생긴 총지배인은 부드럽고 우아한 목소리로 좌중을 위로하고 술과 안주와 맛있는 음식으로 밤새도록 즐기기를 제안하며 축배의 잔을 높이 치켜들었다. 참으로 즐거운 시간이었다. 이름도 모르고 맛본 적도 없는 산해진미의 중국 전통 요리를 느긋하게 감상하며 긴긴 밤을 이처럼 즐길 수 있도록 해준 호텔 측의 세심한 배려에 모두들 감사했다.

형형색색의 금붕어가 인상적인 재래 시장

지난濟南에서 우리 일행은 우선 재래 시장을 분주히 돌아다녔다. 그런데 다른 도시에 비해 특히 활기찬 시장 모습에 놀라지 않을 수 없었다. 경기가 매우 좋다는 것을 피부로 느낄 수 있는 곳이었다.

그 중에서도 인상적인 것이 직접 품종을 개량한 금붕어 신종들을 대야에 담아가지고 나와 팔고사는 금붕어 시장이었다. 괴이하고 희한한 풍경이 아닐 수 없었다. 형형색색의 금붕어를 담은 그릇도 볼거리였는데, 대개의 경우 금붕어의 색깔과 조화를 이루도록 고려된 느낌이다. 주된 용기는 흰색 바탕에 법랑을 입힌

◐ 지난의 상설 시장 모습. 경제 사정이 매우 좋은 듯 활기가 넘친다.

◐ 지난의 금붕어 시장에서는 자신이 직접 개량한 새로운 품종의 금붕어들을 흰색 법랑 용기에 담아 팔고 있었다. 때로는 놀랄 만한 고가의 거래가 이루어질 때도 있다고 한다.

Part 4 남선북마 : 하이커우에서 웨이하이까지

◐ 지난의 산동 성 건축 재료총공사 앞에 펼쳐진 조화 시장.

것이 많았다.

갑자기 지난해 우리 나라의 일간 신문을 읽던 중 우연히도 북한의 한 소년이 부모와 함께 수용소로 가게 되었는데 결사적으로 떼를 써 금붕어를 가지고 들어가 오랫동안 기르다가 실패한 기사를 읽은 일이 생각났다. 아마 산동 성의 성회 지난의 시민들처럼 북한 시민, 특히 초·중교 학생들도 금붕어 양식과 같은 취미 생활을 하는 모양이다.

다밍후(大明湖) 유원지와 천성(泉城)의 샘물들

지난 시는 타이산 산泰山의 북쪽 기슭 황하 연안에 자리잡은 인구 300만 명의 대도시이다. 부근 일대의 충적지에는 황하의 침식 작용과 잦은 유로 변경으로 생긴 하적호가 수없이 많다. 뿐만 아니라 타이산 지괴泰山地塊의 북쪽 기슭에 자리잡고 있어 용천이 많기로도 유명하여 예부터 '샘물의 도시, 즉 천도泉都'라고 일컬어져 왔다.

특히 지난의 호소들은 자연적인 샘과 하천이 인위적으로 합성되어 생성되었는데 다밍 호大明湖도 그 가운데 하나이다. 아름다운 다밍후大明湖 유원지는 중국인 특유의 아기자기한 조형적 미술성이 가미되어 만들어졌으며 미풍에 나부끼는 호수 주변 수양버들의 모습이 매우 인상적이다. 다밍 호의 넓이는 46.5ha이며 물은 북쪽으로 소량 유출되어 샤오칭 강小淸河에 합류해 보하이 만渤海灣으로 유입된다.

금나라 때 세워진 명천비名泉碑에는 72개의 샘물명이 기재되어 있는데 이들은 다시 4대 천군泉群으로 나눌 수 있다. 바오투취안釣突泉, 전주취안珍珠泉, 헤이후

◎ 다밍후(大明湖) 유원지의 정문. 5성홍기(五星紅旗) 아래에 '취안청환잉닌(泉城歡迎您)'이란 표어가 걸려 있듯이 지난은 샘물의 도시이다.

◎ 지난 시민들은 한겨울에도 다밍후(大明湖) 유원지의 얼음 호수에서 뱃놀이를 즐긴다.

Part 4 남선북마 : 하이커우에서 웨이하이까지

◐ 다밍후 유원지는 호변의 수양버들과 호안의 부대 시설들이 조화를 이루며 환경 친화적으로 잘 조성되어 있어 지난 시민들의 삶을 윤택하게 해 준다.

취안黑虎泉, 우룽탄五龍潭 등이 그것이다. 이 유명한 4대 샘물군을 생성시킨 부근 일대의 지질을 살펴보면, 소위 진단계로 알려진 고생대 전기층의 석회암이 지하에 넓게 분포되어 있다. 이들 석회암은 백악기에 관입한 심성암인 타이산 지괴의 화강암 산지 북쪽으로 넓은 지역에 걸쳐 충적층 아래에 또는 풍화 박식면상에 나타나고 있다.

원래 석회암은 기계적 침식보다 화학적 용식에 약한 암석이므로 지하에 무수한 용식 동굴과 갈라진 틈을 가지고 있어 훌륭한 저수조로서의 역할을 수행한다. 이들 석회암은 타이산 지괴의 관입으로 지난 시 북쪽을 서에서 동류하는 황하黃河 연안까지 일부 지층이 교란되었지만, 자연스러운 지층 경사를 이루고 있다고 추리하여도 좋다. 따라서 풍부한 지하수원과 자연스러운 용천 현상은 샘물의 도시 지난濟南이란 이름을 천하에 알리는 데 부족함이 없다고 보아야 할 것이다.

4대 용천군(샘물군)을 개별적으로 소개하면 다음과 같다.

바오투취안(趵突泉)

바오허瀑河(폭류) 또는 밍젠취안名檻泉이라는 별칭이 있으며 바오투취안趵突泉은 송대로부터 불려 온 이름이다. 지난 시 시먼차오西門橋 남쪽 약 5km에 위치하고 지난 72개 샘물 중 으뜸이다. 특히 3개의 동굴에서 용출된 샘물이 어우러져 급류천을 이룬다.

1956년 바오투취안 공원으로 조성하여 정자를 짓고 관상수를 심는 등 용출되는 물소리와 조화를 이루도록 조경 사업을 하였는데, 입장료로 15위안(1.8달러)이란 거금을 징수하고 있었다.

전주취안(珍珠泉)

취안청 로泉城路 북쪽에 자리잡고 있는 샘물로 4면이 벽돌담으로 둘러싸여 있다.

○ 4대 샘물군 중의 하나인 바오투취안. 요란한 물소리와 더불어 용출되지만 사면이 구조물로 막혀 있다.

○ 취안청 로(泉城路) 북쪽에 자리잡고 있는 4대 샘물군 중의 하나인 전주취안(珍珠泉)은 사면이 벽돌 담장으로 이루어져 있어 자연미는 없다.

웅장한 대문을 통과하여 왼쪽으로 돌아서면 바로 목전에 사진과 같이 큰 풀장처럼 보이는 시설이 있는데 이것이 유명한 전주취안珍珠泉이다.

풀장과 같은 밑바닥에서는 여기 저기에서 샘물이 용솟음쳐 올라오는 것이 보였다. 경내는 역대 관부가 점령하고 있었고, 최근에는 전주취안 호텔까지 영업 중이어서 자연미는 전혀 찾아볼 수가 없었다.

헤이후취안(黑虎泉)

지난 시 헤이후취안 서로黑虎泉西路에 위치하고 있는 샘물로, 원래는 절벽 아래 용식 동굴 속에서 샘솟는 모양이 마치 3마리의 검은 호랑이가 힘차게 물소리를 내며 머리를 내미는 것 같다고 해서 붙여진 이름이다.

부근의 피파취안琵琶泉, 시중취안溪中泉, 주뉘취안九女泉 등 유명한 샘 14곳이 헤이후취안 무리를 이루고 있는데, 이들 중 비파천은 시내를 이루어 흐르며 동굴 속에서 용출하는 물소리가 마치 비파소리와 같다고 한다.

우룽탄(五龍潭)

후이완취안灰灣泉이라고도 부르는데 시의 옛성 서문 밖에 입지하고 있다. 이 곳에서 남쪽으로 500m 거리에 바오투취안的突泉이 있으며 주변에는 아직도 옛 온천이 남아 있다.

웨야취안月牙泉, 셴칭취안懸清泉, 리취안醴泉:단샘, 장자츠江家池 등 샘물 21곳이 있어 우룽탄 샘물군을 이루는데 이들 샘물은 서호성하西護城河를 이루어 샤오칭 강 小清河으로 유입된다.

10 전설의 섬 쉬푸다오

상하이 궁핑루公平路 부두에서 7,500톤급 연안 여객선을 타고 13시 정각 칭다오青岛를 향해 출항하였다. 구름 한 점 없이 맑은 날, 중국 최대의 황푸 강黃浦江 연안 중화학 공업 지대를 바라보며 무수한 화물선과 여객선 사이를 3시간 동안 미끄러지듯 조심스럽게 누비며 우쑹커우吳淞口에 이르렀다.

여기서부터 망망대해와 같은 양쯔 강揚子江 하구부를 2시간 가량 항해한 끝에 시야 저 멀리로 가물거리는 창싱다오長興島와 헝사다오橫沙島를 바라보며 파도가 일기 시작하는 황해로 진입하였다. 양쯔 강은 하구폭이 40km에 달해 충밍다오崇明島가 보일것이라는 기대는 하지 않았지만, 그래도 목을 길게 늘이고 물 건너 동네를 확인하려 애썼다. 그러나 보이는 것은 아무것도 없었다.

○ 내륙 수운과 연근해를 연결하는 황푸 강(黃浦江) 연안의 궁핑루(公平路) 부두는 종일토록 여객으로 인산인해를 이루고 있다.

○ 궁핑루 부두를 등지고 황푸 강을 힘차게 항진하였다. 양쯔 강을 거쳐 황해로 진입하여 26시간 후 칭다오(靑島)에 입항하였다.

어느덧 해는 저물었고, 섬만큼이나 웅장한 유조선 한두 척만 보일 뿐 아무런 볼거리가 없었다. 그제야 객실에서 푹 쉬려고 하는데 선장이 자기 방으로 오라고 사람을 보내 왔다. 영문도 모른 채 선장실로 안내되었다. 40대 중반의 호쾌하게 생긴 선장이 반갑게 맞으며, "두 분은 이 배를 탄 유일한 외국 손님이니 자신과 함께 식사와 차를 마시며 즐거운 여행을 하기를 바란다."고 하였다.

우리는 다음 순서가 기다리고 있음을 뻔히 알면서도 감사하다며 그렇게 하겠노라 말해 주었다. 상하이에서 칭다오까지 26시간이나 소요되므로 우선 느긋한 마음으로 휴식을 취하였다.

아니나 다를까. 하선을 2시간 앞두고 선장의 요청에 의하여 그리 부담스럽지 않은 범위 내의 외폐 몇백 원을 교환해 주었는데 그 동안 받은 환대에 비하면 오히려 미안한 생각도 들었다.

삼층 높이도 더 되는 불편한 하선길에 연약한 여승무원들이 무거운 책가방 4개를 그것도 부두까지 운반해 주기에 약간의 사례를 하였으나 그들은 끝내 사양하고 작별을 고했다.

Part 4 남선북마 : 하이커우에서 웨이하이까지

독일풍의 문화 도시 칭다오(靑島)

예정보다 2시간 이상 지연된 오후 6시에 칭다오에 상륙하자마자 부두에서 택시를 타고 미리 예약된 후이원 빈관滙文賓館으로 향하였다. 그러나 숙박료와 비교할 때 한 등급 낮은 호텔이었다.

칭다오靑島는 산둥 반도山東半島 남해안의 중심부 자오저우 만膠州灣 입구의 오른쪽에 자리잡은 아름다운 항구 도시로서 군사 전략상 매우 중요한 위치에 있다. 1897년 독일의 조차지가 되었고, 제1차 세계 대전 기간 중 일본이 강점한 것을 1922년 수복하였다. 1929년에는 특별시가 되었다가 1930년 칭다오 시로 개정되었다.

인구 130만 명의 산둥 성 최대의 종합 공업 도시로서 1984년 대외 개방 도시로 지정되었다. 중국의 저명한 해항海港으로 만톤급 선박의 정박이 가능하며 해양 대학과 기상대 및 과학 연구 기구들이 있다.

명승지로는 루쉰 공원魯迅公園, 중산 공원中山公園, 잔교棧橋 해수욕장 등이 유명하다. 여름철 일기가 청등하고 상쾌하여 이름 높은 보양지이기도 하다. 해수욕장과 해산박물관 및 동물원, 황다오黃島, 신안辛安, 쉐자다오薛家島 등의 유원지가 있다.

잔교(棧橋)

배를 접안시키기 위해 만든 부두인 잔교는 '칭다오 10경' 중 절승이라 불릴 만큼 칭다오를 방문하는 관광객들이 으레 찾아보는 명소이다. 남쪽 칭다오 만靑島灣에 면한 중산 로中山路 남단의 해수욕장에 돌출된 육교로서 말단부에는 후이차오거回潮閣가 지어져 있다.

원래 잔교는 1891년 청나라 정부에서 파견한 군사령관이 건설한 길이 200m의 간이 부두였으며, 1897년 독일이 점령 이후에도 군용 부두로 사용되어 군수 물자의 수송을 도왔다. 1931년 칭다오 항무국에 의해 개·보수되었는데 기저부는

◐ 칭다오의 명물 '잔교(棧橋)'의 왼쪽은 타이핑 로(太平路)의 서편 제6해수욕장이다. 오른쪽으로는 칭다오 10경에 속하는 칭다오 로(靑島路)의 독일풍 건축물이 보인다.

◐ 바다 쪽 잔교 끝에 지은 후이차오거(回潮閣)에서 바라본 잔교의 모습과 타이핑 로 서부 지역.

Part 4 남선북마 : 하이커우에서 웨이하이까지   101

석축되고 그 위에 철근 콘크리트를 덮어 길이 440m의 현재 모습이 갖추어졌다. 1985년에 대규모 전면적 보수가 이루어져 관광하기 편하고, 해돋이와 낙조를 즐기며 사진 촬영도 할 수 있다. 노인들을 위한 안전 시설도 대폭 강화되었다.

해산박물관(海産博物館)

루쉰 공원魯迅公園 안에 위치한 해산박물관은 해변 가까이에 자리잡고 있다. 중국의 민족적 품격을 갖춘 건축 양식을 하고 있으며, 물개 연못 등의 볼거리와 함께 관내를 돌며 다채로운 해양 과학 지식과 자료를 얻을 수 있게끔 만들어졌다. 내부는 수족관과 표본 진열관으로 나뉘어지며 전시실의 넓이는 800m^2이다. 표본 진열관 450m^2, 수족관 350m^2에서 60여 종에 달하는 양식 어종과 많은 수중 생물들이 자유롭게 유영하고 있다.

전체적으로 5개의 진열실이 있는데, 제1진열실에는 중국 4대 연해의 모형 및 남해 제도의 모형과 원생동물, 강장동물 등이 전시되어 있다. 제2진열실에는 다모류 및 연체동물, 갑각류, 극피동물, 원삭동물 등, 제3진열실에는 중국 연근해의 주요 경제 어류와 연골 어류 및 유독 어류, 산호초 어류 등이 진열되어 있다. 제4진열실에는 대형 어류 및 파행류와 해수들이 진열되었는데 그 중 해사海獅(바다사자)와 해구海狗(물개)는 중국이 보존하고 있는 진귀한 표본들이다. 제5진열실에는 각종 해조류의 표본과 유해대有海帶, 자채紫菜, 석화채石花菜 등 주요 경제 조류經濟藻類가 있고, 기타 고장 표본庫藏標本 2,000종이 있다.

그 밖에도 제5전시실에는 각 진열실별 종합 소개와 함께 중국의 해양 범위, 해양 단면, 수산 자원, 한·난류의 교차 및 회류, 해양 자원 보호와 해염 생산 등에 대한 설명이 있어 해양 지식 보급에 힘쓰고 있음을 여실히 알 수 있다.

전설의 섬 쉬푸다오(徐福島)

진시황은 중국을 통일한 후 장생불사와 통치만대의 신선 사상에 빠져 동방의 삼신산三神山을 동경하였다. 그래서 불로장생의 선약을 구하기 위해 각지로 사람을 파견하였는데 그 중 한 사람이 바로 서복徐福, 즉 쉬 푸徐芾이다.

쉬 푸(서복)는 지금의 산둥 사람으로 신선 학설을 추구하고 선양하며 술법을 연마하였다고 한다. 기원전 218년 그는 시황제의 명을 받들어 동남동녀 각 3,000명을 대동하고 선단을 지휘하여 발진하였다. 바로 그 출발 장소가 칭다오 시의 사쯔커우전沙子口鎭 장거좡姜哥庄 남쪽 난야오 반도南窯半島 남단에 있는 다푸다오大福島와 라오궁다오老公島이다. 즉 오늘날의 쉬푸다오徐福島인 것이다.

진시황과 한무제가 불로장생의 선약을 구하려고 사신을 보낸 해중선산海中仙山 삼신산은 모두 가상의 선경들인데 봉래산蓬萊山(오늘날의 여름철 금강산)과 방장方丈(오늘날의 지리산), 영주瀛洲(오늘날의 제주도) 등이라고 한다.

쉬 푸는 그 후 제주도에 상륙하여 한라산 백록담가에서 '시름'이란 장생불사의 선약을 찾았고, 동진하여 남해도에 그 족적을 남겼다. 남해섬에는 반석에 음각된 그의 족적이 남아 있으며 제주도에서도 심심치 않게 그의 전설이 담긴 곳들

❍ 우리 나라의 경상남도 남해군 남해도에는 선사 유적지로 알려진 서복(徐福, 徐芾)의 유적지가 있다. 높이 701m 상주면 금산 고지 아래의 400m 등고선에 이르면 반석 위에 '서씨과차 徐氏過此'란 음각 글씨가 새겨져 있다.

을 만날 수 있다. 다시 동진을 한 쉬 푸는 일본에 도착하였다고 한다. 현재 일본에는 그의 무덤도 있으며, 일설에 따르면 후일 일본의 아마데라스 오미까미 天照大神가 되었다고도 한다.

웨이하이(威海)로 가는 길

칭다오 靑島에서 웨이하이 威海까지는 300km 남짓 되므로 아침 8시에 출발하기로 전날 택시 운전사와 미리 약속을 하였다. 만약 약속 시간을 10분 어기면 계약금을 포기하고 임의로 출발할 것이라고 말해 두었다.

예정된 시간에 차가 와서 자료 트렁크를 챙기고 출발하였다. 그런데 이 운전사, 자기 가족 두 사람을 길가에 대기시켰다가 우리에게 양해도 구하지 않고 동승을 시키는 것이 아닌가. 아무리 미친 척하고 사는 세상이라지만 이런 무례를 저지르다니 도무지 납득을 할 수가 없다. 허나 싸우고 내릴 수도 없고, 또 묵인하자니 종일토록 이 불편한 여행을 할 것이고…….

우리 부자는 조수석과 뒷자리 오른쪽에 앉고, 운전사 뒤에는 뚱뚱한 그의 부인을, 가운뎃자리에는 우량아인 그의 아들을 앉게 했다. 우리 나라의 티코쯤되는 소형차이니 정말 고생스러운 하루가 된 것이다. 어쨌든 여러 현급 시들을 거치며 웨이하이까지 갔다.

하이양 시(海陽市)

옌타이 시 煙臺市 남부 황해안에 자리잡은 중소 도시로 칭다오에서 북동쪽으로 140km 떨어져 있다.

밀·옥수수·좁쌀·대두·고구마·낙화생 등 농산물이 풍부하며 양잠이 발달하였고, 사과·배·복숭아 등의 과일 생산도 많다. 또 기계·전자·목재 가공 등의 공업이 발달하였고, 연안 풍경이 아름다워서 해수욕장을 비롯한 천리암 풍경구 등이 유명하다.

루산 시(乳山市)

하이양에서 45km 북동쪽에 위치하며, 웨이하이 시 남서부을 흐르는 루산 강乳山河과 황레이 강黃壘河이 시내를 관류한다. 남쪽은 황해에 면하고 있다.
농산물은 하이양과 같으며 연근해에 수산 자원이 풍부하다. 특기할 바는 바이사커우白沙口에 조력 발전소가 있고, 지하 자원으로서 금·은·동·철·보크사이트 등이 산출된다는 점이다.

원덩 시(文登市)

루산에서 75km 북동쪽에 자리잡고 있으며 연근해 어업과 기계 방적 제지 건재 식품 가공 공업이 발달하였다. 명승 고적으로서는 성징 산聖經山의 마애석불이 유명하다.
루산-원떵 간은 복배사 구조 발달에 따른 온천대를 이루며 쿤위 산맥昆嵛山脈의 타이보딩泰礴頂 일대는 전형적 순상지로 넓은 지역에 걸쳐 원정봉圓頂峰이 발달해 있다.

11 황해 진출의 교두보 웨이하이

지난에서 옌타이(煙臺)로

1993년 1월 28일 목요일 겨울 날씨치고는 매우 맑고 따뜻했다. 다밍 호大明湖를 돌아보고 귀로에 지난 훠처잔火車站(정거장)에 들려 밤 11시 24분발 옌타이행 연석표를 구입하였다.

지난濟南을 출발하여 쯔보淄博, 웨이팡濰坊, 자오저우膠州, 라이양萊陽 등의 도시를 거쳐 종착역에 도착하였는데 지난濟南에서 종착역인 옌타이煙臺까지는 총연장 524km였다. 도착 시간이 아침 7시 30분이므로 소요된 시간은 8시간 6분이며 평균시속 65km로 달린 셈이다.

산둥 반도 지역은 기후가 온화하고 토질이 비옥하며 지형이 평탄한 곳이다. 뿐만 아니라 황해와 발해를 사이에 두고 돌출한 반도여서 수륙 교통이 편리하고 토산물이 풍부하여 일찍이 구석기 시대부터 사람들이 살아 왔다. 그래서 그 흔적들이 도처에서 발견되고 있다. 특히 해안 지역은 중국의 대외 개방 정책과 함께 연해 개방 지역으로 지정된 이래 장족의 발전을 거듭하고 있다.

일단 우리는 일금 500위안(67달러)에 종일 택시를 대절하여 짐을 싣고 옌타이 시의 명소를 두루 살펴보았다.

옌타이 산(煙臺山)

옌타이 역전에서 동쪽으로 2km 거리에 즈푸 만芝罘灣으로 돌출된 옌타이 산煙臺山은 옌타이항을 사이에 두고 베이마터우北馬頭와 마주보고 있다. 동과 서, 북쪽은 황해에 면하고 남쪽은 주택가의 중심을 이루고 있으나, 하이양 도海洋島란 별명도 가지고 있다.

옌타이란 이름은 명 홍무 31년인 1398년에 연대, 즉 봉화대를 설치함으로써 얻게 되었다. 청나라 말에는 항해의 안전을 위해 이 곳에 등대가 설치되었다.

산 아래에는 큰 돌이 가로누어 있는데 마치 그 모양새가 배와 같다고 하여 보통

○ 옌타이 시 봉화대와 현대적인 도항 시설이 있는 즈푸 만(芝罘灣)을 밝혀 주는 등대.

○ 도시 이름이 된 연대(煙臺). 연대는 교통·통신이 발달하지 못한 시대에 빠른 통신 수단으로 이용되었다.

석선石船이라고도 부른다. 석선의 후면에 청 강희 36년인 1697년 '조화기관造化奇觀'이란 큰 해서체 글자를 음각하였다.

산 위에는 푸른 나무가 가득하며 산 아래에 줄지어 서 있는 초석들은 마치 바다를 바라보며 파도소리를 듣고 있는 것 같다.

민속 놀이 경연 대회

옌타이 산煙臺山을 돌아보고 도심으로 들어가다 우연히 시청 광장에 이르렀을 때 왁자지껄 수많은 사람들이 운집해 있는 것이 보였다. 전통 민속 의상을 입은 구현별 민속 놀이 선수단이 방금 광장으로 들어서는 도중인 것 같았다.

돼지머리와 소머리를 쓴 가면 무도와 1m 이상에 달하는 긴 나무다리를 장착한 어릿광대의 모습, 아름다운 아가씨 인형을 등에 업고 신나게 노젓고 있는 우스꽝스럽고도 익살스런 모습들 ……. 참으로 신나는 놀이 한마당이었다. 제각기 피리를 불거나 나팔을 불어 대며 징과 꽹과리, 북을 쳐 대고, 짙은 화장에 울긋불긋한 머리띠와 댕기를 두르고 고깔모자에 형형색색의 꽃을 장식한 우아한 모습의 대행진이었다.

광장에는 나름대로의 깃발을 든 집단들이 대오를 정비하고 도열해 있었다. 드디어 시장인 듯한 사람이 등단하면서 대회 선언이 있었고, 이어 고을마다의 특색 있는 민속 놀이 경연이 시작되었다.

◐ 단위 행정 구역별 민속 놀이 경연단이 깃발을 날리며 시청 광장으로 모여들고 있다.

◐ 단위마다 대오를 정비하고 있는 것으로 보아 곧바로 경연이 개시될 모양이다.

Part 4 남선북마 : 하이커우에서 웨이하이까지

◑ 사람이 돼지를 안았는지 돼지가 사람을 업었는지 헛갈리는 교묘한 가장 행렬.

수많은 관중들은 어느덧 광장을 빈틈없이 가득 메웠고 문자 그대로 인산인해를 이루었다. 아빠의 목마를 탄 어린이, 두툼한 옷차림에 육중한 방한화를 신은 어린이 등등 남녀노소 모두가 신나고 즐겁기만 했다. 언제 들어도 신나는 곡조와 북소리, 피리소리, 나팔소리, 징소리. 이 모든 것이 요란한 중에서도 조화로움과 평온함을 잃지 않았다.

우리도 제각기 장면 하나 하나를 카메라에 담기에 여념이 없었다. 마땅한 자리를 잡을 수 없어 이리저리 비집고 들어가 셔터를 눌러 댔다.

해가 서쪽 하늘에 기울어서야 정신을 차리고 대절한 택시로 웨이하이威海로 향했다. 옌타이에서 웨이하이까지는 83km로 우리의 거리 단위로 보면 200리 남짓하다. 한편 2차 중국 여행에서는 웨이둥 페리 Weidong Ferry편으로 웨이하이에 들어왔다.

한 달 만에 되돌아온 진슈웨이하이(錦繡威海)

웨이하이 시威海市는 산둥 반도의 동부에 자리잡고 있으며 3면이 바다에 접한 반도이다. 보하이 해渤海를 사이에 두고 랴오둥遼東 반도와 마주보며, 멀리 황해를 건너면 한반도와 마주하게 된다. 서쪽은 옌타이 시煙臺市이고 최동단은 청산터우成山頭라는 곳이다. 시구의 면적은 408km²이다.

웨이하이웨이다샤(威海衛大廈)

웨이하이는 해상 교통이 매우 편리한 곳이다. 옌타이煙臺, 다롄大連, 칭다오靑島, 상하이上海, 톈진天津을 비롯하여 11개의 연안 항로를 가진 연안 개방 도시로서 관광과 무역상에서도 매우 중요한 자리를 차지하고 있다. 따라서 많은 사람들이 출입하기 때문에 국제 수준급 호텔의 건설은 필수적인 일이었다.

웨이하이웨이다샤威海衛大廈는 현대적 시설과 설비를 갖춘 하나의 관광 호텔로, 웨이하이 시에서 가장 번화한 문화, 체육, 오락 중심의 상업 지구 내에 입지하고 있으며 100km 이내에 웨이하이 공항과 옌타이 공항 등 2개의 공항이 있다.

◐ 웨이하이 시의 대표적인 현대식 호텔 웨이하이웨이다샤(威海衛大廈).

여러 가지 수요에 따른 객실 137실과 동서양의 각종 요리를 만들수 있는 21칸의 호화 대식당도 갖추어져 있다. 투숙객들이 이용할 수 있는 각종 편의 시설도 완벽하여 우리 나라의 일류 호텔과 비교해도 손색이 없다. 여기에 종업원들의 봉사 정신 또한 투철하여 편리하게 각종 업무를 수행할 수 있다.

환추이러우(環翠樓)와 배후 산지 나이구 산(奈古山)

환추이러우環翠樓는 1489년 나이구 산奈古山 동쪽 기슭의 언덕 위에 건설된 크고도 아름다운 누각식 건축물로 웨이하이 시의 저명한 풍경구 중의 한 곳이다.

○ 웨이하이 시의 거리마다 설치된 소공원을 장식한 수준 높은 조형물들.

○ 웨이하이(威海) 나이구 산(柰古山)에 자리잡은 난산 공원(南山公園) 입구.

청대에 수차례 수리를 했으며 1931년에 대대적인 개축을 하였다. 1944년에는 화재로 일부 훼손되었으나 1978년 산둥 성 인민정부는 환추이러우 중건을 시작, 1980년에 완공하였다.

새로운 환추이러우는 높이 16.8m, 연건평 800m²로 그 위용이 당당하다. 또한 누각에 올라 푸른 숲과 주황색의 기와, 청록색 바다와 산야를 바라보노라면 취한 듯 어지러워 스스로를 잊을 정도이다. 3층 현판에는 '環翠樓'란 금박의 휘황 찬란한 큰 글씨가 걸려 있어 보는 이들의 발길을 멈추게 한다.

한편 환추이러우 공원 서쪽에 있는 나이구 산柰古山은 환추이러우 소년궁전과 더불어 옌타이煙臺 동로, 구자이古寨 동로, 문화동로, 통일로 등으로 둘러싸인 중요한 도시 공원으로 시민들에게 쉼터를 제공하고 있다.

Part 4 남선북마 : 하이커우에서 웨이하이까지 113

청산터우(成山頭)

웨이하이 시 동쪽으로 50km 남짓한 거리에 입지한 청산터우成山頭는 차오양 항朝陽港과 룽청 만榮成灣 사이에 끼어 황해로 돌출된 하나의 곶으로, 오랜 파식 작용으로 형성된 해안 지형이다. 바다로 돌출된 청산터우 끝에는 경적을 울리는 등대와 더불어 시황제의 무덕을 칭송하는 톈진터우天盡頭란 비석이 절벽 위에 세워져 있다.

복배사 구조에 발달한 웨이하이 온천군

웨이하이 지역은 자오둥 순상지膠東楯狀地의 동부를 차지하는 시원 육지始原陸地로서 오랜 지질 시대를 통해 부단한 융기와 침식을 받으면서 형성된 시원계의 변성암으로 구성되어 있다.

주요 암석으로는 화강암질 편마암과 결정편암, 흑운모 편마암과 각섬암, 그리고 대리석 등 자오둥 변성암군이 있다. 이 밖에도 고생대 말과 중생대 말의 화산암과 화산성 집괴암 및 화산성 각력암, 응회암 등이 있고, 제4기층으로는 암석이 풍화 분해되어 제자리에 남아 있는 잔적층과 파적층, 홍적층 및 해적층이 복잡하게 분포되어 있다.

이렇듯 오랜 지질 시대를 거치면서 수많은 지질 구조적인 변동과 함께 복잡하고 다양한 구조적 승강 운동이 일어나, 루산乳山에서 웨이하이威海에 이르는 구간은 복잡한 복배사 구조를 이루고 있다. '복배사(anticlinorium)'란 1873년 Dana J. D.가 지체 구조상 습곡의 집합체를 이룬 대규모 지배사(geanticline) 구조에 대해 처음 사용한 이래 오늘에 이르고 있다. 한편 복배사에는 습곡 지대에 화강암질 화성 활동이 일어나 마그마의 주입과 함께 전체가 아치상으로 융기하여 생성된 부분도 있다.

루산에서 웨이하이를 가로지르는 구간은 전형적인 복배사 구조인데 이는 자오둥 지구에서 가장 오래 된 습곡 구조 지형이며 규모가 큰 강열한 구조대를 이루

◯ 타이산 산 톈제(天街)의 태고적 변성암인 화강편마암.

○ 복배사 구조에 발달한 룽취안탕(龍泉湯) 온천 부근의 화강암 산지.

고 있다. 따라서 이 구간 내에는 많은 온천들이 줄지어 발달하고 있다. 그 중에서도 환추이 구還翠區의 바오취안탕寶泉湯과 원취안탕溫泉湯, 원덩 시文登市의 치리탕七里湯, 다레이탕大雷湯, 다잉탕大英湯, 훙수이란탕洪水嵐湯, 탕춘탕湯村湯, 샤오탕원취안小湯溫泉 등이 가장 유명하다.

웨이하이의 온천들은 일찍이 명대에 발견되었는데, '청청불액 사계번등 주이복시 충용불갈淸淸沸液 四季翻騰 周而復始 沖涌不竭', 즉 맑디맑은 물이 사철 끓어오르고 두루 돌아서 다시 나오며 끊임없이 끓어 넘친다고 하여 예부터 온천을 '신이 내린 물'이라고 생각해 왔다. 이들 온천물은 암장수(magmatic water)로 지하의 깊은 곳에서 지표면으로 솟아오른 초생수여서 일명 '처녀수'란 이름도 가지고 있다.

웨이하이 온천군의 온천물은 보통 50℃ 이상이며 가장 뜨거운 것은 83℃이다. 특히 이들 온천물에는 인체에 유용한 각종 광물질과 미량 요소들이 풍부히 용해

◯ 옌타이 시 머우핑 구(牟平區)와 원덩 구(文登區)의 경계 지대인 쿤위산(昆嵛山)의 북쪽 기슭에 위치한 대표적 온천 룽취안탕(龍泉湯).

◯ 옌타이 시 라이산 구(萊山區) 옌타이 공항 동쪽에 위치한 복배사 구조에 발달한 온천 지대. 시설의 낙후함이 거의 원시 수준이다.

Part 4 남선북마 : 하이커우에서 웨이하이까지

되어 있어 피부병을 비롯한 신경통 및 각종 질병의 치료에 뛰어난 의료적 효험이 있다고 알려져 있다.

오랜 침식을 받은 구릉성 산지들

웨이하이威海 일대의 지형은 시원 육지에 해당되는 순상지이므로 오랜 육상 침식으로 인해 대부분 저평화된 저기복 산지 내지 구릉지를 이루어 평균 200~300m의 고도를 나타낸다. 500m 이상의 산지로서는 쿤위 산昆嵛山, 둬산 산埵山, 위황 산玉皇山, 웨이더 산偉德山, 차산 산槎山 등이 있다.

여러 산맥들의 발달이 미약하지만 그 중에서 쿤위 산맥昆嵛山脈이 가장 높다. 원덩 시文登市와 모우핑 현牟平縣의 경계에 위치한 쿤위 산맥은 산둥 반도山東半島 동쪽의 등줄기를 이루고 있는 산맥이다. 이 산맥은 '선산지조仙山之祖'라 하여 신성한 산의 조상으로 추앙되고 있을 뿐 아니라 '수발위군산지관秀拔爲群山之冠'이라고 하여 아름다움이 모든 산의 으뜸이란 명예를 지니고 있어, 국가의 중요 문물보호구로 지정되어 오늘에 이르고 있다.

쿤위 산맥 주변의 산세는 마치 방패를 엎어 놓은 것 같은 모양의 저평한 침식 구릉상인데, 특히 중생대에 관입한 화강암 산지가 거치상鋸齒狀으로 돌출한 주봉인 타이보딩泰礴頂(923m)에서 바라보면 방원백리方圓百里(사방으로 백 리가 평탄하다는 뜻)란 속담처럼 산세가 순상으로 전개된다는 것이 여실히 증명된다.

웨이하이 시의 모든 산맥들을 일일이 설명할 수는 없겠으나 시역 전체로 평가한다면 평정봉의 산지가 차지하는 비율은 16.11% 이며 구릉지가 55.07%, 평야지는 28.82%에 이르고 있다.

한편 웨이하이 역내에는 수많은 하천이 흐르지만 그 길이는 대부분 50km 내외이다. 북동 방향으로 유입되는 하천으로는 우칭 강五淸河, 스자 강石家河, 구허 강沽河, 샤오뤄 강小落河 등이 있고, 남류 하천으로는 무주 강母猪河, 루산 강乳山河, 황레이 강黃壘河, 칭룽 강青龍河, 창양 강昌陽河 등이 대표적이다. 이 중 가장 길이가 긴 하천은 원덩文登 북부의 쐉자오 산雙角山에서 발원하는 루산 강乳山河으로, 길이 64km에 유역 면적은 954km²이며 루산커우乳山口에 하구를 두고 있다.

12 [리포트] 허베이 평원과 산둥 반도의 생성

홍적세의 기후 사변에 따른 최종 빙기인 뷔름 빙기의 전성기에 유럽과 북아메리카 대륙에서는 오늘날의 중위도 지역에까지 빙관 빙하(산의 정상 부분을 뒤덮고 있는 빙하)가 발달하였다. 그러나 동부 아시아의 중위도 지역은 기후가 건조하여 빙하 지형의 발달이 미약하였다.

뷔름 빙기는 약 7만 년 전에 시작되었고 최대의 극성을 부린 것은 약 2만 년 전이다. 제4간빙기는 약 1만 년 전에 시작되었으므로 매우 급속하게 온난화가 진행되고 빙하의 후퇴도 신속하게 이루어졌다. 약 6,000년 전까지 거대하였던 그린란드와 남극 대륙의 2개 빙상이 거의 3분의 2까지 녹아 내려, 전 지구적으로 대양과 연해 및 내해에서 110m 내외의 해면 상승이 일어났다.

기원전 4000년을 전후해서는 현재의 해면이 확정되었다. 이렇게 되면 '홍적세 말기의 황해'란 이론적으로 성립되지 않는 말이다. 오늘날의 황해 최심부가 97m라는 점을 염두에 두고 생각해 보면 그 이유는 자명해진다.

따라서 오늘날 허베이 평원을 흐르는 하천과 랴오둥 반도를 흐르는 랴오허 강遼河 및 우리 나라의 황해안으로 흐르는 모든 하천들은 합류되어 하나의 통합된

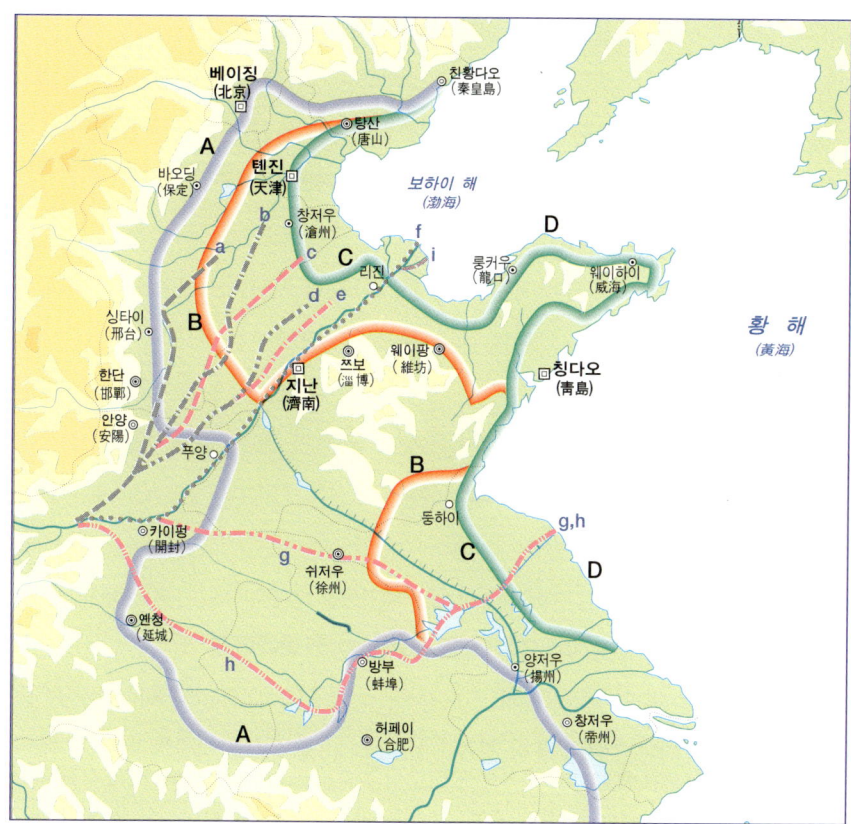

① 화베이 평원(華北平原)과 해안선의 변화 과정

A : 홍적세 말의 뷔름 빙기가 후퇴하고 후방기 해면이 거의 확정된 약 7,000년 전의 해안선은 친황다오, 베이징, 바오딩, 싱타이, 한단, 안양, 푸양, 카이펑, 옌청, 허페이, 방부, 양저우, 창저우를 연결한 선이었던 것으로 추정된다.

B : 신상 부근에서 황하는 토사를 밀고 나와 황해상의 지난-타이산 군도와 육속시켜 약 4,000년 전의 해안선은 탕산, 지난, 쯔보, 웨이팡, 칭다오, 둥하이, 쉬저우, 양저우까지로 전진하였다.

C : 황하의 유로는 자유롭게 이동하며 많은 토사를 운반하여 약 2,000년 전의 해안선은 톈진, 창저우, 리진, 룽커우, 청산터우, 라이시, 자오난, 화이인을 연결하는 선으로 엔타이-쿤위 군도를 육속시켜 산동 반도가 완성되었다.

D : 오늘날의 해안선은 서기 900년경에 확정되었고, 해정(海汀) 평야는 계속 확대되고 있다. 드디어 거대한 화베이 평원이 완성되었다.

② 황하의 유로 변천 과정

a. 기원전 602년까지의 유로
b. 기원전 602~기원후 10년까지
c. 10~1048년까지
d. 1048~1194년까지
e. 1194~1494년까지
f. 1194~1855년까지
g. 1855~1938년까지(1946~현재)
h. 1938~1946년까지
i. 1946년~현재까지 : 하구 둥잉스(東營市)

대수계를 이루어 현존 황해의 최심부를 흘렀을 것이라는 추리에도 아무런 무리가 없다. 다시 말하여 후빙기 100m 이상의 해면 상승으로 새로운 바다 황해가 만들어졌고, 가칭 황압강黃鴨江(필자가 1971년 건국대학교 지리학보에 단보로 소개한 바 있음)의 많은 수계들은 오늘날과 같이 지역별로 세분화가 이루어지게 된 것이다.

한편 이 때 산둥 반도의 옌타이치샤煙台棲霞 산지와 지난타이산濟南泰山 산지는 황해상의 군도로 바뀌었고, 보하이 해와 황해는 지난타이산 군도 서쪽에서 통합된 하나의 바다로 존재하였다.

이를 구체적으로 전개하여 보면, 첫째는 현존 화베이華北 평원의 북부에 해당하는 하이허海河 평원의 원초적 옛 해안선은 오늘날의 친황다오秦皇島에서 시작하였다. 창리昌黎, 탕산唐山, 위톈玉田, 싼허三河, 순이順義, 베이징北京, 신청新城, 바오딩保定, 스자좡石家庄, 싱타이邢台, 한단邯鄲, 안양安陽에 이르는 지난타이산濟南泰山 군도 북쪽의 가칭 고발해역古渤海域의 해안선을 생각할 수 있다.

수도권을 흐르는 융딩 강永定河과 스자좡石家庄 부근을 흐르는 후퉈 강滹沱河 및 안양安陽 시 부근을 흐르는 장허 강漳河 등은 하구에 선상지성 삼각주를 만들며 점차적으로 허베이 평원을 확대하였다.

둘째는 황허의 거대한 운반 물질로 이루어진 선상지 말단부의 해안선을 생각할 수 있는데 이는 황허커우黃河口의 변화 무쌍한 변천사와 더불어 매우 복잡한 델타성 해안을 생각하지 않을 수 없다. 추정컨대 현재의 푸양濮陽, 허쩌荷澤, 차오셴曹縣, 상추商丘, 타이캉太康, 웨이스尉氏를 연결하는 광대한 호상지弧狀地에 거대한 선상지성 삼각주를 만들었을 것이다.

황허커우黃河口는 변화무쌍한 상태로 황허의 운반 물질을 퇴적하며 전진 평형화 작용(progradation)으로 지난타이산濟南泰山 군도를 육계화하고, 나중에는 옌타이치샤煙台棲霞 군도까지 육계화함으로써 산둥山東 반도를 형성하였다.

한편 황허커우 선상 해안 남쪽의 황화이黃淮 평원의 고해안선은 전기한 선상 평원 선단의 호상 해안 남서부와 연속되는 황화이 평원 서부의 쉬창許昌, 우양舞陽,

쑤이핑遂平, 정양正陽, 뤄산羅山, 황촨潢川, 구스固始, 류안六安 시를 연결하는 고황 해안이었다.

화이허 강淮河을 비롯한 잉허潁河, 궈허渦河 강 수계들을 합쳐 얼키고설킨 그물망 같은 수로와 저습지 및 소택지가 어울리는 수향 현상水鄉現象을 연출하며, 바다를 희생으로 한 전진적 평형화 작용으로 산둥 반도 북쪽의 하이허 평원海河平原과 산둥 반도 남쪽의 황화이 평원黃淮平原을 합치고 산둥 반도를 합쳐 명실상부한 화베이 평원華北平原을 만들었다고 자연사적으로 추리할 수 있다. 그리고 끊임없는 하천의 충적 작용과 해적 및 사면의 이동 물질은 파랑과 연안류에 의한 표사 작용의 결과로 오늘날과 같은 반도의 모습을 이루게 되었다.

위와 같은 내용은 1984년 6월 중국 베이징에서 발행된 '중국자연지리도집' 111쪽에 "허베이 평원 발전 과정"이란 제하에 도시된 4단계의 상상도에도 잘 나타나 있다.

제1단계는 화베이 평원의 원초적 해만 상태를 나타내고, 제2단계는 산둥 반도 남부 황해로의 황하 유입과 동시에 황하의 운반 물질이 퇴적하여 삼각주가 신속하게 해만을 매립·신장하는 과정을 나타내고 있다. 이미 지난타이산濟南泰山 군도가 육속됨을 보여 준다.

제3단계는 황하가 다시 보하이 만으로 유로를 변경함으로써 하천의 운반 물질과 타이산 지괴泰山地塊의 사면성 이동 물질들이 산둥 반도의 남북으로 평원을 확대한다.

제4단계는 드디어 옌타이치샤煙台棲霞 군도를 육속시켜 산둥 반도를 완성하는 단계를 잘 나타내 보여주고 있다.

이와 같이 산둥 반도의 형성 과정에서 거듭되는 해안선의 변동은 당연하면서도 가장 자연스러운 과정으로서의 변화를 가져왔음을 지형 진화의 역사는 보여 주고 있다.

Part 5

지리학 삼부자의 중국 지리 답사기

중국의 대성벽 만리장성

中國

01 수도 베이징의 관문 텐진

02 20세기 인류 최대의 재앙 탕산 지진

03 쯔진청(자금성)과 만리장성

04 중국 문명의 발상지 황토 고원

05 고도 시안으로의 시간 여행

01 수도 베이징의 관문 톈진

중국의 4대 직할시 톈진(天津)

톈진天津은 화베이 평원華北平原 북동부의 하이허 강海河 하구 부근 보하이 만渤海灣에 자리잡고 있다. 수륙 교통의 요충지 톈진은 중국의 수도 베이징北京으로 들어가는 관문이자 중국의 중요한 대외 무역항이며 옛부터 화베이 지방華北地方의 상업 도시로 번창한 곳이다. 한때 열강의 조계(19세기 중국의 개항 도시에 있던 외국인 거주지)가 있던 곳이어서 지금까지도 당시의 건물이 남아 있다.

현대에 들어 대단위 공업 단지와 더불어 대규모 항만이 조성되어 산업과 무역이 활발하게 이루어지고 있으며 현재 베이징, 상하이, 충칭 등과 더불어 중국의 4대 직할시 중 하나이다.

또한 톈진은 본래 기후가 온화하며 각종 지하 자원과 호해湖海의 수산 자원이 풍부할 뿐더러 과일 등 각종 농산물이 풍족하여 사람이 살기에 가장 쾌적한 환경 조건을 갖춘 곳이다.

쾨펜의 기후 구분에 따르면 냉대 계절풍 기후로, 겨울철은 한냉 건조하고 여름

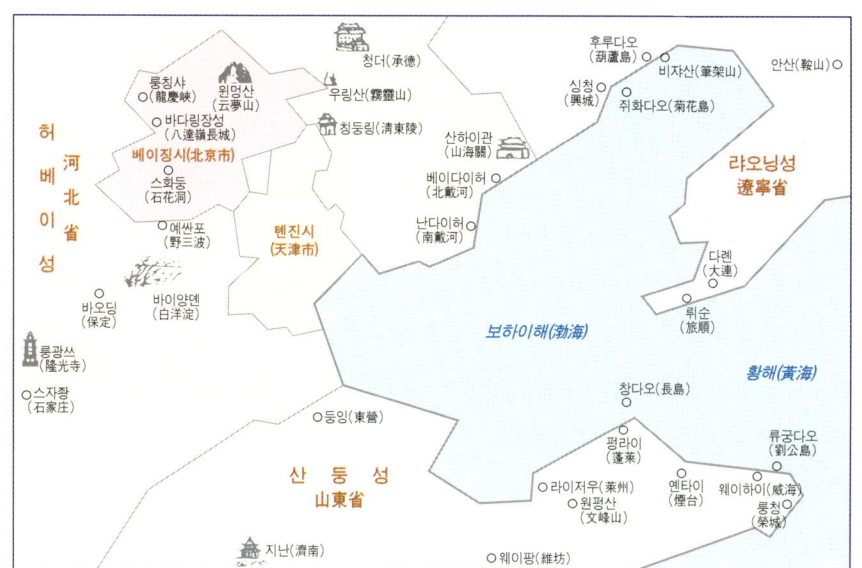

● 베이징의 관문 톈진 시의 지리적 위치. 마치 우리 나라의 서울 특별시와 인천 광역시의 관계처럼 베이징 시의 외항적 역할을 수행하고 있다.

철은 고온 다습하다. 1월 평균 기온은 -4℃이고 7월 평균 기온은 26.5℃이며 연 평균 기온은 11.7℃이다. 연 강수량은 900mm인데 대체로 봄은 4월 상순에 시작된다. 6월 중순부터 여름철에 접어들어 약 85일간 지속되는데 이 기간 내에 연 강수량의 대부분이 집중된다. 9월 상순부터 가을철로 접어들어 하늘은 맑고 상쾌한 날씨가 지속된다. 10월 하순부터 약 160일간이 겨울철인데 시베리아 기단의 영향을 받아 한랭 건조하며 강설은 희귀한 편이다.

이상과 같은 천혜의 기후 조건과 풍부한 지하 자원 및 중국 정부의 적극적인 대외 개방 정책과 경제 기술 개발 정책에 힘입어 톈진은 오늘날과 같은 눈부신 발전상을 보이고 있다. 특히 명실공히 북방 경제의 중심 도시일 뿐만 아니라 수륙 교통의 중심지이며 국제 항구 도시라는 독특한 지위를 가지고 있어 예로부터 '보하이渤海의 명주明珠'라고 일컬어져 왔다.

현재 톈진 시의 총면적은 11,300km²이며 동서의 넓이는 101km 남북의 길이는 186km이다. 13개의 구와 5개의 현에 1,000만 명이 넘는 인구가 살고 있으며 한족, 회족, 몽고족, 만족, 장족, 고산족 등 30여 개 민족이 모여 있다.

Part 5 중국의 대성벽 만리장성 127

가장 번화한 도심인 허핑 구和平區에는 백화점을 비롯하여 국제 주식 거래소와 금융 기관들이 밀집하여 항상 몰려드는 유동 인구로 인산인해를 이룬다.

한편 하이허 강海河 동안에 위치한 허둥 구河東區에는 중공업 위주의 기간 산업들이 무리지어 입지하여 톈진 시의 중요한 공업 지구를 이루고 있다. 시의 남서부에 자리잡고 있는 난카이 구南開區 역시 종합 공업 지구이다. 이 곳에는 과학 연구소를 비롯하여 난카이 대학南開大學, 톈진 대학, 톈진 중의학원天津中醫學院, 톈진 이공학원天津理工學院 등과 동물원이 있다. 탕구 구塘沽區에는 톈진 신항이 있으며 다강 구大港區에는 정유 공업을 비롯한 각종 석유 화학 공업이 발달되어 있다.

진먼(津門) 10경

진먼津門 10경이라 함은 1989년 5월부터 1990년 1월까지 각계 각층의 의견을 모아 선정한 톈진 시의 10대 경승지이다. 여기에 그 내용을 간략하게 소개하면 다음과 같다.

지베이슝관(薊北雄關)

황야관黃崖關 장성은 지셴薊縣 장성의 일부로서 첩첩산중에 연면히 이어지는 웅대한 장성으로 전장 41km이다. 동쪽은 허베이 성河北省 쭌화 현遵化縣의 마란관馬蘭關과 이어진다. 서쪽은 베이징 시北京市 핑구 현平谷縣의 장쥔관將軍關과 이어지고 있다. 황야관 장성은 군사적으로 매우 중요한 요새인데 그 기세가 웅대하고 풍광이 수려한 것으로 이름이 높다.

지셴薊縣 장성은 북제 때 시작하여 명대에는 다다韃靼 귀족의 소요를 막기 위해 북방에 설치한 9개의 군사 중진 중 하나였다. 명이 원을 멸한 후 원래의 통치자인 몽고 귀족은 옛 땅을 벗어났으나 때로 남하하여 약탈을 되풀이하였고, 둥베이 지방에는 여진족이 일어나 늘 소요를 일으켰다. 이들을 방어하기 위하여 명

◐ 황야관 장성의 서쪽을 바라본 모습. 바다링(八達嶺) 장성에 비교될 만하다.

◐ 황야관 장성의 동쪽을 조망한 모습. 적대와 돈대 등이 보인다.

Part 5 중국의 대성벽 만리장성

○ 지베이슝관(薊北雄關)은 유네스코 지정 세계의 문화 유산이다.

조는 북방의 방어를 중시하였고, 이로 인하여 명은 200년간 쉬지 않고 장성을 축조하였으며 그 규모는 진시황과 한 무제 이후의 어느 왕조보다도 활발하였다. 이로 인해 축성 기술이 발달하였고 장성의 구조는 견고해졌으며 방어의 기능도 한층 높아지게 되었다.

명 태조 주 위안장朱元璋은 1368년 건국과 동시에 대장군 쉬 다徐達를 파견하여 장성을 쌓게 하였다. 1381년에는 산하이관山海關 일대의 장성을 축조하였고, 16세기 말에 치 지광戚繼光이 지전쭝빙薊鎭總兵(명·청대 지방의 군사 장관)으로 재임시 관성關城과 적대敵臺, 봉수烽燧 등을 쌓았다.

○ 톈진의 황야관 장성 기념관은 애국주의 교육의 기지이다.

130 지리학 삼부자의 중국 지리 답사기 하

하이먼구싸이(海門古塞)

다구커우大沽口 포대는 탕구 구塘沽區 동쪽에 자리잡고 있다. 하이허 강 하구의 남쪽 연안에 포대의 옛터가 남아 있다. 이 포대는 명·청대에 걸쳐 건설되었는데 1840년과 1856년의 양차에 걸친 아편 전쟁과 1858년 6월의 영·불·미 연합 함대의 침략 등 생생한 외침의 역사 현장이기도 하다.

두러천광(獨樂晨光)

지셴 현薊縣의 현성縣城 안에 있는 사찰 두러쓰獨樂寺는 당나라 때 공사가 시작되어 요나라 때인 984년에 중수한 고대 중국의 불교 건축물로, 백탑과 더불어 요대의 중요 문화재로 지정 보호받고 있다.

◐ 요대에 건설된 두러쓰(獨樂寺)의 백탑(白塔). 라마탑 형식의 평면팔각형으로 탑고 30.6m이다.

◐ 국가중점문물보호단위로 지정된 두러쓰(獨樂寺)는 당·요대에 걸쳐 완성된 중국의 고대 불교 건축물이다.

🔴 안록산(安祿山)은 정변을 일으킬 때 두러쓰에서 맹서하였다고 한다.

주민들에 따르면, 안록산安祿山이 정변을 일으킬 때 이 곳에서 맹서하고 '독락獨樂'이란 이름을 취하였으며 "즉지지자기독낙이불여만민독락卽只知自己獨樂而不與萬民獨樂"이라 하였다. 이를 해석하면 "다만 만민과 더불어 즐기는 것을 모르고 홀로 즐기는 것만 알고 있었다."는 뜻이며 그래서 이 사찰의 이름이 두러쓰獨樂寺가 되었다고 한다. 그러나 사실은 두러 강獨樂河에서 도입된 이름이다.

두러쓰는 중국에 현존하는 옛 사찰 중 가장 오래된 목조 건축물로 그 품격이 매우 장중하다는 정평이 나 있다.

싼판무위(三盤暮雨)

판산 산盤山은 톈진 시역에서 100km 떨어진 지셴 현蓟縣 북서부에 자리잡고 있다. 옌산 산燕山의 여맥餘脈이 지셴 현 북서부에서 반용盤龍으로 날아오르듯 산세는 웅장하고 험준하며 수려한 풍경구를 이룬다. 역대 제왕과 환관, 문인, 묵객들이 이 곳을 찾았고 건륭 황제도 체류한 바 있는 중국 15대 명승지의 하나이다.

판산 산의 원래 이름은 쉬우 산徐無山이며 우중 산無終山과 쓰정 산四正山이란 이름도 있다. 삼국 시대 조조가 냐오환烏桓을 북벌할 때 옛 장수 쉬 우산의 이름을 붙였으나, 후일 톈판 산田盤山 또는 간추려 판산 산盤山으로 부르게 되었다.

판산우펑盤山五峰은 즈과웨指掛月, 쯔까이紫盖, 쯔라이自來, 쥬화九華, 우젠舞劍 등 5개의 고봉이며 그 중 가장 높은 봉우리는 해발 고도는 864m의 과웨펑掛月峰으로 판산 산의 주봉이다.

구수이류샤(沽水流霞)

하이허 풍경선海河風景線의 싼차커우三岔口에서 다광밍차오大光明橋에 이르는 허핑 구和平區 동쪽

○ 스쟈다위안(石家大院)은 청대의 진문 8대가 중의 하나로 통상 석씨 구택으로 불려진다. 대지 6,080m²에 네 개의 대소 원락으로 구성되어 있는데 옛 향기가 그윽하며 고색이 창연하다.

에 자리잡고 있다. 번화한 시 중심부에서 S자 커브로 남동류하는 양안에는 화단과 나무그늘이 우거져 있다. 화단과 잔디밭 그리고 분수와 조소, 비각 등 오솔길과 같은 산책로를 거닐면 온갖 시름을 다 잊고 망중한을 즐길 수 있다.

특히 하이허 강海河 우안의 청년원青年園, 초화원草花園, 춘화원春花園, 하화원夏花園, 월계원月季園, 추경원秋景園 및 해방교 광장과 공장, 창고, 녹화대 등이 조화를 이루고 있다.

룽탄푸취(龍潭浮翠)

룽탄푸취龍潭浮翠는 난카이 구南開區 남부에 있는 수상 공원으로 1950년에 처음 건설되었다. 이후 해마다 보완 공사가 이루어짐으로써 오늘날과 같은 훌륭한 공원이 되었다.

공원의 면적은 약 1.65km²로 수면이 차지하는 면적이 1km²에 달하며, 호수 가

운데에는 크고 작은 교량들과 정자, 분수 등이 정교하게 어우러지며 아름다운 조화를 이루고 있다.

중환차이롄(中環彩練)

홍차오紅橋, 난카이南開, 허시河西, 허둥河東, 허베이河北 등 5개구에 걸쳐 관통하는 전장 34.4km의 중환선은 노면의 넓이가 50m이며 14개 방사선 간선 도로가 접속되어 큰 교차로가 많다.

특히 8개의 입체 교차로 중에서도 중산먼中山門 입체 교차로는 나비가 날아가는 것 같은 모양새이고, 바리타이八里台 입체 교차로는 용이 비상하는 것 같은 웅장함이 있다. 푸지허普濟河 입체 교차로는 17m의 높이인데 마치 긴 뱀이 목을 치켜든 것처럼 보인다. 중환 로中環路 양쪽에는 현대식 고층 건물들이 숲을 이루었는데 벽화와 화단들이 어우러져 매우 아름답다.

구리쉰쫑(故里尋踪)

구리쉰쫑故里尋踪은 난카이 구南開區 북동부에 자리잡은 오래된 문화가이다. 1985년에 건설된 문화가로 원래 궁난宮南 궁베이다제宮北大街는 톈페이궁天妃宮의 중심가였다. 톈진 시 발전의 기점이 된 이 곳은 중심 상가로서 전통 문화 용품을 비롯하여 민간 예술품과 서적을 파는 곳이 많다. 오늘날에는 환락가적 성격을 짙게 풍기는 지역이기도 하다.

솽청쭈이웨(雙城醉月)

허핑 구和平區 북서쪽에 자리잡은 난시南市 식품가와 여관가를 합한 지역을 칭하는 이름이다. 이 곳에는 100여 개의 점포가 자리잡고 있으며 전문 식품점과 음식점 및 특색 있는 톈진 식품과 전국 각지의 풍미 등을 맛볼 수 있는 곳이다. 한편 난시 여관가 동쪽에는 식품가가 있고 그 서쪽에는 의류 상가가 자리잡고 있으며 800명이 동시에 이용할 수 있는 대형 식당도 여러 곳 있다.

톈타쉔윈(天塔旋雲)

톈진 텔레비전 송신탑을 가르키는 말인데 보통 톈타라고 부른다. 이 송신탑의 높이는 415.2m로 세계에서 3번째이고 아시아에서는 제일 높다고 알려져 있다. 245m 지점에는 회전 전망대가 있다.

톈진의 명승 고적

궁수쯔먀오(公輸子廟)

궁수쯔먀오는 통상 루반먀오魯班廟라고 불린다. 지셴 현薊縣 성내의 구로우鼓樓 베이다제北大街 동쪽에 자리잡고 있는 묘로 명 말에서 청 초에 걸쳐 건설되었다. 유산먼由山門, 정전正殿, 배전配殿 등 평옥으로 되어 있고, 각기 매우 근엄한 자태를 하고 있다. 전내에는 루 반魯班과 그의 제자 넷의 소상塑像이 만들어져 있다.

고지층 단면(古地層斷面)

지셴 현 북쪽의 충산崇山 준령에는 선캄브리아 시대의 지층 단면들이 연속적으로 잘 나타날 뿐만 아니라 그 시대의 풍부한 화석들이 잘 보존되어 있다.

화석 연구를 통해 이들 지층은 약 19억년 전부터 8억 년 전에 생성된 것으로 판명되었다. 그리하여 중국은 1984년 국무원 비준을 거쳐 국가급 지질자연보호구로 지정하였고, 따라서 오늘날 세계적인 주목을 받게 되었다.

○ 톈진 텔레비전 타워, 일명 톈타는 고층 건물이 즐비한 도심을 벗어나 시 남부의 호수 가운데에 자리잡고 있다. 높이 415m로 아시아에서 가장 높다.

◉ 원생계의 화석 산출로 알려진 충산(崇山)의 화석 산지에는 전세계에서 지질학자들의 발길이 끊이지 않는다.

◉ 원생대 변성암 수마석에 새겨진 국가 자연보호구 표지석.

바셴성징(八仙勝境)

톈진 시의 최고봉인 바셴줘쯔八仙桌子 상에 발달한 원시 활엽수 보호구로 숲의 동쪽에는 칭둥링淸東陵, 남쪽에는 취핑 호翠屛湖, 북쪽에는 만리장성 등이 자리잡고 있다.

바셴줘쯔는 그 경관이 매우 아름답고 샘물맛은 달콤하며 구름 속을 거니는 듯한 안개바다를 체험할 수 있는 곳이다. 야생 동물들이 때때로 출몰하는 원시림 속을 맑고 깨끗한 숲 속의 공기를 마시며 거닐 수 있다.

위황거(玉皇閣)

위황거는 톈진 옛성 북동쪽 모퉁이에 자리잡고 있다. 명대의 만력 연간에 세워진 가장 오래된 목조 고층 건물이다. 주체 건축물은 칭쉬거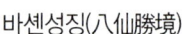淸虛閣이며 이의 또 다른 이름이 위황거玉皇閣이다. 상하 양층으로 되어 있으며 하층은 대전이고 상층에는 옥황의 동상이 모셔져 있다.

톈쭌거(天尊閣)

닝허 현寧河縣 펑타이전豊台鎭에 자리잡고 있는 톈진 해변 지구의 고대 목조 누각으로 청대 강희 연간인 1662년에 크게 보수하고 단청을 새로 입혔다. 큰 벽돌 기대 위에 3층으로 누각이 세워졌는데 상층은 쯔웨이거紫微閣, 중층은 왕무뎬王母殿, 하층은 톈쭌거天尊閣이며 그 높이는 17.4m에 달한다.

왕하이러우 교당(望海樓教堂)

1869년 건설된 독일 천주교회로서 싼차커우三岔口 북안에 자리잡고 있다. 1870년 6월 2일 어린이와 관련된 불미스러운 유언비어로 톈진 시민에 의해 방화 훼손되었다. 현재의 왕하이러우 천주교회는 여러 차례의 사건이 있은 후 1904년 세 번째로 재건된 건물이다. 내부 장식이 매우 화려하며 중국의 개화기 선교에 적지 않은 어려움이 있었음을 보여 주는 역사의 산증거이기도 하다. 현재 국가 지정 사적으로 보호 관리되고 있다.

◑ 19세기 말부터 20세기 초에 걸친 수난의 역사를 간직한 왕하이러우 천주교당(望海樓天主教堂)은 1904년 세 번째로 재건되었다.

○ 리수퉁 서법비림에 세워진 리 수퉁 선생의 좌선상.

원먀오(文廟)

톈진의 옛 성 동문 안에 있던 공자묘로 명대의 정통正統 원년인 1436년에 창건되었다. 이 문묘는 시역에서 가장 보존이 잘된 고 건축물로 알려져 있다. 점지 6,400m²에 건축면적 5,000m²이며 주된 건축물은 황색 유리기와로 되어 있고 그 외에는 푸른 벽돌과 회색 기와로 이루어져 있다.

리수퉁 서법비림(李叔同書法碑林)

허베이 구河北區의 조용한 저우웨이 로宙緯路에 자리잡고 있는 이 정교한 원림식園林式 건축물은 1990년 10월 23일 리 수퉁 탄생 110주년에 낙성, 개방되었다.

리 수퉁(1880-1942) 선생은 청대의 진사進士 출신으로 1895-1910년까지 일본에서 회화와 음악을 공부하고 귀국한 후 난징 고등사범학교 음악 교원으로 봉직하다가, 1918년 후포쓰虎跑寺에 출가하였다. 그는 중국 현대 문화의 선구자로 중국 문화사에 큰 족적을 남겼으며 중국 인민의 사랑과 추앙을 받고 있다. 비림 중앙에는 높이 1.2m의 리 수퉁 선생 좌선 소상座禪塑像이 있다.

○ 시칭 구(西靑區) 샤오난허 촌(小南河村)에 있는 훠 위안자의 고향에 조성된 그의 능원.

훠위안자구리(霍元甲故里)

시칭 구西靑區 샤오난허 촌小南河村에 있는 훠 위안자霍元甲의 고향으로 농가의 둥근 청와 흙

○ 텐페이궁 외부에 자리잡은 화려한 상가는 매우 번화하다.

담장을 이용하여 청 동치 연간에 건설되었고 1988년에 다시 새롭게 단장되었다. 고거 부근에는 1989년에 만들어진 훠 위안자의 묘와 1990년에 건설된 훠 위안자의 평생사적 진열관이 있는데 관내에는 그가 사용하던 연무용품練武用品과 문구, 가구 등이 진열되어 있다.

이 밖에도 훠위안자 기념무술학교와 연구원이 부설되어 있어 많은 학생들이 애국 무술가의 정신을 이어받아 연무에 열중하고 있다.

텐호우궁(天后宮)

텐호우궁은 텐페이궁天妃宮 또는 냥냥궁娘娘宮 이라고도 불리어지는데 톈진 옛성 북동쪽 모퉁이 싼차커우三岔口 서안의 옛 문화가 중심부에 자리잡고 있다. 텐호우궁은 1326년 기상 관측과 예보 능력이 없던 시절에 항해자와 선박을 보호할 목적으로 전설 속의 호항 여신護航女神 텐페이天妃의 사당을 짓고 제사지내던 곳이다.

02 20세기 인류 최대의 재앙 탕산 지진

세계가 놀란 탕산(唐山) 지진의 진상과 그 후

1976년 7월 28일 새벽 3시 42분 시민들은 깊은 단잠에 빠져 있었다. 이 고요한 새벽 시간에 리히터 지진계로 진도 7.8의 대지진이 150만 명이 살고 있는 탄광도시 탕산唐山을 휩쓸고 지나갔다.

이 지진으로 말미암아 사망자 242,000명, 중상자 164,000명, 모든 가옥과 산업시설의 90%가 파괴되는 엄청난 피해 상황이 발표되었는데, 중국 정부의 신속한 대응으로 많은 인명과 재산을 구할 수 있었다. 중국 과학자들의 평가에 의하면 탕산 지진의 위력은 제2차 세계 대전 말기에 일본의 히로시마에 투하된 원자탄 400개를 동시에 폭발시킨 것과 같은 위력이었다고 한다. 그나마 불행 중 다행스러운 것은 화기를 멀리하는 삼복 더위에 발생하여 인명과 재산의 피해가 이 정도에 그쳤다는 것인데, 아마 엄동 설한에 발생하였다면 화재로 인한 피해 정도는 상상을 초월하였을 것이다.

지진이 끝난 후, 정부의 생존자 구출 작전과 사망자에 대한 처치 및 부상자에 대한 시료, 적절한 소개 대책 및 구호 활동 등이 미리 짜여진 비상 계획에 따라 실행되어 탕산 지진 사태는 원만하게 수습되었다. 소 잃고 외양간 고치기가 아니라 국가적으로 철저한 재해 방지 대책을 세우고 이에 대한 국민적 계몽과 비상 훈련을 한 것이 피해 규모를 줄이고 인명과 재산의 손실을 방지할 수 있었던 것이다.

지진 발생을 예측할 수 있는 징후들

한편 탕산 지진을 계기로 중국에서는 지진의 징후 및 지진 예측 연구 및 지진이 났을 경우의 대책 등에 관한 많은 유익한

🔴 탕산 대지진의 피해 현장을 찍은 사진은 탕산 지진 기념관 안에 잘 정리되어 있다. 사진은 가장 극심하였던 숭셰좡(宋謝庄) 큰길 및 푸싱로(復興路) 일대의 참상이다.

정보와 견해들이 쏟아져 나왔는데 우리도 여러 모로 타산지석으로 삼을 만하다. 대만대 곤충학과의 양 핑스楊平世 교수는 "환경 변화에 대한 동물의 민감도는 사람과는 비교할 수 없을 만큼 크다."며 동물들이 대지진이 발생하기 전 미세한 땅의 움직임에 반응을 보일 수 있다고 말한 바 있다. 중국의 탕산 대지진 직전에도 쥐와 족제비 등이 급히 어디론가 달아나는 것이 목격되었다고 한다.
다음은 탕산 대지진을 겪은 중국 정부가 자국 내 모든 지역에서 주민들이 체험한 지진 직전의 기이한 현상들을 정리한 것이다.

① 모든 가축과 사육 동물들이 묶인 사슬을 풀고 우리를 뛰쳐나오려고 몸부림치며 필사적으로 울부짖었다.
② 야생 동물들도 떼지어 방황하며 사람들을 두려워하지 않을 뿐더러 한 겨울철 동면 기간에도 땅 속이나 굴 속에서 나와 갈팡질팡하였다.

◯ 폐허에서 현대적 도시로 복구된 신화도(新華道) 일대의 시원스러운 도로와 건물의 화려한 모습.

◯ 탕산 항진기념관(唐山抗震記念館) 입구.

③ 평소에 사용하던 우물물이 극심한 수위 변화로 넘치거나 고갈되며 때로는 맑던 물이 흙탕물로 변하는 등 이상 현상이 나타났다.
④ 하천이나 호소의 물이 없어지며 바닥을 드러내거나 맑은 물이 흙탕물로 또는 수온의 극심한 변화를 일으켰다.
⑤ 신비스러운 땅빛이나 바다빛 외에 하늘에도 이상한 빛의 기둥이 생기며 남색, 자색, 백색, 홍색 등 여러 가지 색깔의 빛을 보았다고 보고되었다.
⑥ 땅에서 괴이한 소리가 들리는데 그 소리는 바람소리 같기도 하고 천군만마가 질주하는 소리 같기도 하다는 각기 다른 증언이 있다.
⑦ 그 밖에 지형이 변하고 이상한 천기 현상으로 광풍이 불고 호우가 쏟아진다는 등 다양한 증언들이 잇달았다.

지진 피해를 줄이기 위한 대책

지진에 대비한 국민적 훈련은 이웃나라 일본에서 가장 발달되어 있으며, 중국에서도 상당한 연구와 국민적 계몽 사업이 실효를 거두고 있다. 지금도 환태평양 지진대와 판구조상의 경계 지역인 지각의 약선 부근에서는 끊임없이 지진과 화산 같은 지각 운동이 진행되고 있는데 우리도 그 예외 지역이 아님을 반드시 알아야 한다.

지진은 그 강도에 따라 미진微震, 약진弱震, 강진强震, 열진烈震, 격진激震 등 상식

◯ 탕산 항진 기념비와 기념비 앞에 세워진 피해와 복구 및 재건에 관한 비문.

○ 탕산 항진기념관 옆에 세워진 20여 층의 내진 고층 건물.

적인 분류 방법을 사용하여 왔으나, 최근에는 지진 에너지의 크기를 나타내는 마그니튜드(magnitude)란 용어를 일반적으로 사용하고 있다.

마그니튜드, 말하자면 지각에 축적되는 에너지에는 한도가 있으므로 마그니튜드 9 이상의 대지진은 없다. 이제까지 세계 최대의 지진은 1556년 중국 산시 성 陝西省에서 발생한 마그니튜드 8.8의 지진이다.

비교를 위하여 몇 가지 사례를 들면 1976년 7월 28일 탕산 대지진은 마그니튜드 7.8이었고, 우리들의 기억에 생생한 1999년 9월 21일 새벽 1시 타이완 중서부 지방인 난터우 현南投縣 지지集集를 강타한 지진은 리히터 규모 8.1이었다.

필자는 타이완을 여행할 때마다 즐겨 타이완의 건설 공사 현장을 답사하였는데 너무도 견고한 설계와 철저한 공사 감독 장면을 보며 오히려 물자의 지나친 낭비는 아닐까 하는 염려마저 들기도 했다.

그러나 1999년의 지진 피해 상황을 살펴보고 내진 건축은 아무리 강조되어도 부족하지 않다는 생각으로 인식을 전환한 계기가 되었다. 가로로 드러누운 고층 아파트와, 잔인하게 찢겨진 고속 도로와 교량, 산사태로 인한 대단층 툰드라의 열카르스트(thermokarst)같이 변한 도로면의 지형 변화, 악귀의 입처럼 갈라진 땅, 단층 작용 등 지각 운동의 잔인한 위력을 실감하였기 때문이다.

이제 우리도 지혜롭게 재난을 극복하고 그 피해 범위를 최소화해야 하겠다는 절실한 마음가짐으로 준비된 생활을 해야 할 때이다. 재난에는 예고가 없다. 탕산唐山, 고베神戶, 지지集集의 재난은 남의 일이 아닌 것이다.

○ 1999년 9월 21일 발생한 마그니튜드 8.1의 타이완 대지진으로 대파된 난터우(南投) 양조장의 처참한 피해 모습.

거미줄같이 땅 속에 깔려 있는 도시 가스의 배관망, 동네마다 하나 이상 있는 주유소와 집집마다 있는 승용차의 기름 탱크 등 발화성 물질과 화재의 위험성이 있는 곳에 우리는 한번쯤 그 안전 대책을 생각하여 보았는가.

실내의 중량급 책장이나 냉장고를 고정시키고 육중한 대문짝 같은 거실과 베란다의 유리문에 대한 안전 대책을 강구하며 비상계획에 따른 여러 가지 대책을 세우고 가족이 모여 진지하게 상의할 때이다.

비상 식량과 식수, 비상 구급약통 등 비상 물품에 대해 점검하고, 안전한 피난 장소가 지정되어 있는지, 그리고 비상 연락 대책은 세워져 있는지 등등 나와 가족을 위한 최소한 대책이라도 세워야 할 때가 바로 지금인 것이다.

03 쯔진청(자금성)과 만리장성

톈안먼(天安門)과 쯔진청(紫禁城)

톈안먼天安門은 베이징 시구의 중심에 자리잡고 있는 명·청대 황궁의 정문이다. 톈안먼이 세워진 것은 명 영락 15년인 1417년이며 원래의 이름은 청톈먼承天門인데 청 순치 8년인 1651년에 개건한 후 톈안먼으로 개칭하였다.

톈안먼 돈대의 중심부에는 마오 쩌둥의 대형 초상화가 걸려 있고, 그 왼편에 '중화인민공화국 만세', 오른편에 '전세계 인민 대단결 만세'라는 대형 표어가 걸려 있다. 광장의 중심부에는 1958년 4월에 낙성된 높이 37.94m의 인민영웅기념비가 있고, 남단에는 1977년 8월 준공된 모 주석(마오 쩌둥) 기념당이 있으며 그 남쪽으로 정양먼正陽門, 속칭 첸먼前門이 있다. 광장의 북동쪽에는 1959년에 건설된 역사박물관이 있고, 광장의 서쪽에는 인민대회당이 자리잡고 있다.

베이징 시 관광의 백미라 할 수 있는 고궁 박물관(쯔진청紫禁城)을 종일토록 쉬어 가며 관람했는데 그 규모면에서나 중국의 고대 건축 예술면에서나 독특한 품격 속에 내재한 우수한 전통미를 느낄 수 있었다.

◎ 명·청 시대의 황성인 쯔진청(紫禁城)의 정문 톈안먼(天安門). 1417년에 건설되어 청톈먼(承天門)으로 불리다가, 1651년(청 순치 8년)에 톈안먼(天安門)으로 개칭되었다.

◎ 톈안먼 광장 서쪽에 자리잡은 인민대회당은 우리 나라의 국회의사당과 동일한 기능을 가지고 있다. 국가적 규모의 큰 행사들이 치루어지는 곳이다.

Part 5 중국의 대성벽 만리장성　147

◐ 텐안먼 광장 중심부에 자리잡고 있는 인민영웅기념비. 1958년 4월에 낙성되었으며 비석의 높이는 37.94m이다.

좀 빈약하기는 해도 중국의 궁중 유물은 1970년대 중반부터 여러 차례 관람한 바 있는 타이완의 타이베이臺北 시 고궁 박물관에도 있다. 이 위대한 인류 문화의 유산들을 한 곳에서 볼 수 있다면 아마도 그 진면목을 확인할 수 있으리라.

고궁 쯔진청紫禁城은 베이징 시 중심부에 자리잡고 있다. 명·청 양대의 황궁이었던 이 곳은 560여 년간 24명의 황제가 거처했었다. 건물은 명 영락 4년에서 18년에 해당하는 1406년~1420년까지의 14년 동안에 건설되었는데 여러 차례의

◐ 텐안먼 광장 남쪽에 자리잡은 정양먼(正陽門). 통상 첸먼(前門)이라고 불리며 명·청대 베이징 내성의 정문이다.

개보수와 중건을 거듭하여 오늘에 이르렀다.

쯔진청은 크고 작은 수십 개의 원락院落으로 구성되어 있고, 방옥 9,000여 칸에 총 건축 면적은 150,000m²이며 점유 면적은 720,000m²이다. 주위에는 높이 10여 m의 장벽과 넓이 52m의 호성하護城河(해자)인 통쯔허筒子河가 있다. 장벽은 남북으로 1000m, 동서로 750m이고 성벽의 네 모퉁이에는 아름답고 우아한 품격을 갖춘 각루가 있다.

남면의 중심에 있는 우먼午門으로 불리는 쯔진청 정문은 명 영락 18년(1420)에 건설되었고 청 순치 4년(1647)에 증수되었는데 높이는 35.6m이다. 주요 건축물들은 와이차오外朝와 네이팅內廷의 두 부분으로 구성되어 있다.

와이차오外朝는 황제가 정무를 수행하며 여러 가지 의식을 행하던 곳으로 타이허뎬太和殿, 중허뎬中和殿, 바오허뎬保和殿 등 세 개의 대전이 주축을 이룬다. 네이팅內廷은 황제가 일상 생활을 하던 곳으로 간칭궁乾淸宮, 자오타이뎬交泰殿, 쿤닝궁坤寧宮의 세 대전과 일직선상에 있으며 이들은 모두 황제의 집무실과 황후

◐ 쯔진청(紫禁城)은 크고 작은 수십 개의 원락으로 구성된 황성으로 명·청대에 중국의 황제들이 거처했었다.

○ 쯔진청 중심부에 자리잡은 태화전(太和殿)은 명 영락 18년인 1420년에 건립되었다. 이 곳에서는 황제의 즉위를 비롯한 크고 작은 의식이 거행되었다.

○ 쯔진청에는 3km에 이르는 궁궐 담장이 있고, 그 바깥쪽으로 넓이 52m의 호성하(護城河)와 궁성 네 모퉁이에는 중국 건축 예술의 품격을 나타내는 우아한 감시 초소 각루(角樓)가 있다.

의 거처가 된다. 그 양쪽에는 동서육궁東西六宮과 비빈의 거처가 있고, 이 밖에도 원화뎬文華殿, 우잉뎬武英殿, 위화위안御花園 등이 있다. 현재에는 동서육궁과 비빈의 처소는 청동기관, 도자관, 명청공예관, 진보관, 회화관 및 궁정원상진열관宮廷原狀陳列館 등으로 활용되고 있다.

북쪽 출입구인 선우먼神武門은 원래 쉔우먼玄武門이다. 명 영락 18년(1420)에 건축되었고 청의 강희제 때 중수되었다.

천자들의 제천소

톈탄(天壇)

톈탄天壇은 쯔진청紫禁城에서 남쪽으로 5km 정도 떨어진 충원 구崇文區 융딩먼 네이다제永定門內大街 동쪽에 위치한 중국 최대의 고대 제사 건축물이다. 넓이 2백 70만 m²로 80만 평에 달하는 외벽 안에 40만 평의 내벽으로 둘러싸여 '回'자 모양을 하고 있다.

톈탄은 명·청의 황제가 하늘에 제사지내고 풍년을 기도했던 제단으로 명 영락 18년인 1420년에 건설되었다. 원래 톈디탄天地壇이었으나 가정 9년(1530) 사교분사四郊分祀의 제도화로 4년 뒤인 가정 13년에 이름을 바꾸어 톈탄天壇으로 하였다.

핵심적인 건축물은 기년전祈年殿으로 명·청의 황제들이 나와 목욕 재계하고 하늘을 우러러 국태민안과 풍년을 비는 의식을 행하던 곳이다.

건물은 내단의 중추선을 중심으로 남북 양단에 집중되어 있는데 넓은 성토육교盛土陸橋로 환구단圜丘壇, 황궁우皇穹宇, 기년전祈年殿, 황건전皇乾殿 등이 남에서 북으로 직선상에 배치되어 있다.

톈탄은 교묘한 설계와 조화로운 색채로 고대 중국의 건축 예술미가 집약된 작품이라 할 수 있다. 특히 기년전 내부는 경천예신敬天禮神의 관점에서 설계되었고 전내의 둥근 기둥은 각기 특별한 뜻을 지니고 있다. 말하자면 4개의 황금색 기

○ 텐탄(天壇)의 핵심 건물인 기년전(祈年殿). 텐탄은 황제가 국태민안을 기원하는 제사를 지내던 곳으로, 1420년 건설되어 텐디탄(天地壇)이라고 하였으나 1530년 텐탄으로 개명되었다.

둥은 4계절을, 천정부의 붉은 12개 기둥은 1년 12달을, 바깥쪽의 붉은 12개의 기둥은 12지를 나타낸다. 보정寶頂 아래의 뇌신주雷神柱는 황제의 천하 통일을 상징한다.

높이 6m의 백옥석으로 된 3층 원단 위에 건축된 기년전은 3층으로, 지붕이 마치 우산을 펼친 것과 같은 형상을 하고 있다. 또한 지붕은 남색 유리기와(琉璃

● 황궁우(皇穹宇)는 기년전(祈年殿)과 환구단(圓丘壇) 사이에 자리잡고 있으며 제사를 지낼 때 사용하는 신위를 모시는 곳이다.

瓦)와 금색을 입힌 보정이 덮고 있으며 내부는 용, 봉황 등 금박 문양으로 화려함을 더하고 있다. 바닥의 직경은 24.2m, 전의 높이는 32m나 되어 하늘 높이 웅장한 모습으로 솟아 있어 머리 위로 하늘 밖에는 아무것도 보이지 않는다. 백옥석의 원단 위에서 황제가 제문을 읽으면 그 소리가 메아리쳐 하늘의 명을 받은 천자天子임을 과시했을 것이다.

디탄(地壇)

일명 팡쩌탄方澤壇이라고도 하는 디탄地壇은 둥청 구東城區 안딩먼安定門 밖 큰길 동쪽에 위치하고 있으며 융허궁雍和宮과 가까운 거리에 있다. 명 가정 9년인 1530년에 건축되었고, 청대에 이르러 여러 번 중수되었다.

단의 북쪽은 백옥석을 2층으로 쌓았고, 단 남쪽에는 황기실皇祇室이 있다. 황기실 내에는 황기신皇祇神의 위패가 모셔져 있다. 서쪽 담 바깥에 신고, 신주, 제기고, 악기고 각 5칸과 그 서쪽에 짜이성팅宰牲亭, 그 서북쪽으로 자이궁齋宮이 있으며 단 아래 4주에는 모난 연못을 두었다.

Part 5 중국의 대성벽 만리장성 **153**

디탄은 명·청 양대의 제왕들이 지신에게 제사를 지내던 곳으로서 1925년에는 징자오 공원京兆公園, 1929년에는 시민 공원을 거쳐 오늘날에는 다시 디탄 공원地壇公園으로 환원되었다.

르탄(日壇)

차오르탄朝日壇이란 별명을 가진 르탄日壇은 차오양 구朝陽區 차오양 문밖 남동부에 자리잡고 있으며, 명 가정 9년인 1530년에 건축되었다. 단의 서쪽은 흰 돌을 잘라 일층 방대方台를 만들었다.

명대에는 태양을 상징하는 붉은 유리로, 청대에는 모난 벽돌로 섬돌을 쌓고 사방에 울타리를 둘러쳤다. 서쪽으로 흰돌로 만든 링싱먼欞星門 3개와 기타 3면에 각 1개씩의 문을 두었다. 서문 밖에는 조명용 요로燎爐와 제물을 묻을 예지瘞池가 있고 동쪽에는 신고神庫, 신주神廚, 재성정宰牲亭, 종루鐘樓 등을 두었고 남쪽에는 구복전具服殿을 두었다. 청 건융 7년(1742)에는 단 서북 모퉁이에 르탄을 다시 지었다.

○ 르탄(日壇)은 황제들이 대명지신(大明之神)인 태양신에게 제사를 지내는 곳으로, 현재는 르탄 공원으로서 시민의 휴식처가 되고 있다.

르탄은 명·청대 황제들이 대명지신大明之神인 태양신에게 제사를 지내던 곳으로서 오늘날에는 르탄 공원이라고 한다.

웨탄(月壇)

시웨탄夕月壇이란 별명도 있으며 시청 구西城區 난리스 로南禮士路 서쪽에 자리잡고 있다. 명 가정 9년인 1530년 건설되었다. 단의 동쪽에 있는 1층 방대方台는 흰 돌을 잘라 만들었다.

담장 4면에는 링싱 문欞星門이 각각 1개씩 설치되었고, 동문 밖에 예지瘞池와 동북방에 구복전具服殿, 남문 밖에 신고神庫, 서남쪽에 재성정宰牲亭, 신주神廚, 제기고祭器庫, 북문 밖에 종루鐘樓가 있다.

웨탄은 명·청대의 제왕들이 야명지신夜明之神인 달에게 제사를 지내던 곳으로 오늘날에는 웨탄 공원으로 불리고 있다.

○ 웨탄(月壇)은 명청대의 제왕들이 야명지신(夜明之神)인 달에게 제사를 지내던 곳이었으나 오늘날에는 월단 공원으로 시민의 휴식처가 되었다.

Part 5 중국의 대성벽 만리장성

지하 궁전 명13릉과 정릉(定陵) 박물관

명13릉은 수도 베이징 서북방 약 44km 거리의 창핑 현昌平縣 톈서우 산天壽山 아래의 조그마한 분지 주변에 산재되어 있으며 능역은 약 40km²에 달한다.
명나라는 태조 주원장朱元璋이 1368년 처음 금릉(오늘날의 난징)에 도읍하였으나 3대 성조 때에 이르러 오늘날의 베이징으로 천도하였다. 따라서 명13릉은 3대인 성조의 장릉長陵으로부터 시작되는데 영락 7년(1409)에 장릉이 톈서우 산 아래에 건조된 이래 청 순치 원년(1644) 사릉思陵이 건조될 때까지 200여 년의 세월이 이어졌다. 공사 규모나 비용 면에서뿐만 아니라 능침 건조의 기간 측면

○ 신로(神路) 최남단의 스파이팡(石牌坊), 다궁먼(大宮門), 베이러우(碑樓)를 지나면 룽펑먼(龍鳳門)과의 사이 신로 양측에 석수 24좌와 석인 12좌가 도열되어 있다. 이 석상들은 1435년(명 선덕 10년)에 건립되었다.

◐ 만력 11년인 1583년 건립된 정릉(定陵)의 정문. 정릉은 명나라 13번째 황제 신종 주익균(朱翊鈞)과 두 황후가 잠들어 있는 지하 궁전이다.

에서 볼 때에도 이는 중국 역사상 두 번 다시 없을 일로 기록되었다.

뿐만 아니라 주산인 톈서우 산天壽山 을 주봉으로 좌청룡 망산 산蟒山과 우백호 후산 산虎山이 있는 명당으로, 동서와 북쪽이 산지로 둘러싸여 수목이 울창하고 자연스러운 원림(공원이나 정원의 숲)을 이루고 있다. 개활지인 남쪽에 대문이 설치되어 있는데 용과 호랑이가 대문을 지키고 있는 형국이다.

한편 1956년 문물 조사반이 만력 황제万曆皇帝인 신종 주익균朱翊鈞의 능묘 정릉 定陵을 발굴하는 과정에서 지하 궁전이 나타났다. 금, 은, 진주, 보석, 옥기 등 귀중한 보물 3,000여 점이 출토되었을 뿐만 아니라 국보급 문화재가 많이 나와 사람들의 이목을 집중시켰다. 이 중에서도 황제가 사용하던 금사익선관金絲翼善冠과 황후가 중요한 의식 때 사용하던 봉관鳳冠 등 놀라운 유물들이 출토되어 이를 위한 정릉 박물관이 1959년 건립되었다.

발견 당시 정릉의 지하 궁전은 땅 밑으로 27m 깊이에 전, 중, 후 삼전으로 나뉘어 있었다. 전전은 사무 구역이고 중전은 후손들을 위해 만들어 놓은 침실이며

○ 정릉 지하 궁전에 안치된 신종 황제 주익균과 효단, 효정 두 황후의 목관 세 채. 이 밖에도 정릉에서는 국보급 문화재 3천여 점이 발굴되어 이를 정릉 박물관에 진열해 놓았다.

후전은 황제와 황후의 침실로서 명13대 황제 주익균과 효단, 효정 두 황후의 관재가 놓여 있었다고 한다. 옛날의 황제들은 본래 한 황후만을 자기 옆에 묻어야만 했지만 신종은 황후 둘을 자기 옆에 묻게 한 것이다.

당시 황제들은 만 19세가 되면 자신의 무덤을 건설하기 시작했다고 하는데 신종은 22세 때부터 28세까지 지하 궁전을 만들었으며, 건설하는 데 소요된 비용은 자그마치 은 800만 냥(당시 명나라 백성들의 10년간 식량비에 해당하는 규모)이나 되었다고 한다. 또 죽은 후 관이 도굴되지 않도록 능묘로 통하는 입구를 매우 좁고 견고하게 건축하였을 뿐 아니라, 묻은 후에도 엄밀하게 봉하였다. 스파이팡石牌坊과 다궁면大宮門, 베이러우碑樓를 통과하여 거의 1km 구간에 늘어선 석인·석수상을 지나면 룽펑면龍鳳門을 통과하게 되는데 그 바로 정면에 최대 규모의 시설로 장릉이 자리잡고 있다.

명나라 3대 황제인 성조의 장릉長陵을 바라보며 배치도를 보면, 그 왼쪽으로 4

◉ 정릉 지하 궁전의 주인공인 명 13대 신종 황제 주익균의 초상화.

◉ 신종 황제 주익균이 통상 쓰고 지내던 금사 익선관(金絲翼善冠)으로 중국에 하나밖에 없는 국보로서 정교하며 화려하다.

◉ 명 3대 성조의 장릉 입구에 전시된 황후 서씨(徐氏)의 밀납 인형. 정교하면서도 매우 화려하여 옛 영화를 짐작케 한다.

◉ 신종의 왕비인 효단 황후가 주요 행사 때 사용하던 금은보석으로 꾸며진 호화찬란한 봉관(鳳冠).

Part 5 중국의 대성벽 만리장성

● 명13릉 배치도

대인 인종仁宗의 현릉獻陵, 그 왼편으로 15대인 광종光宗의 경릉慶陵이 있다. 경릉의 왼편으로는 6대 영종英宗의 유릉裕陵, 다시 그 왼편으로 9대인 헌종憲宗의 무릉茂陵, 그 왼편으로 10대인 효종孝宗의 태릉泰陵이 있다. 태릉 왼편으로는 11대인 무종武宗의 강릉康陵과 그 왼편으로 13대인 신종神宗의 정릉定陵, 즉 지하궁전이 있다. 그 왼편으로 14대인 목종穆宗의 소릉昭陵이 있다. 소릉의 왼편으로

17대인 사종思宗의 사릉思陵이 있고, 다시 장릉의 오른쪽으로 5대인 선종宣宗의 경릉景陵이 있다.

경릉의 오른쪽으로 12대인 세종世宗의 영릉永陵과 그 오른편으로 16대인 희종熹宗의 덕릉德陵 등 명13릉이 장릉을 중심으로 좌우로 배치되어 있다.

바다링과 쥐융관 부근의 만리장성

베이징 시 옌칭 현延慶縣 바다링八達嶺과 쥐융관居庸關 부근에 자리잡고 있는 장성은 동쪽 산하이관山海關으로부터 서쪽 자위관嘉峪關까지 이어지는 만리장성의 좁고 험한 관성關城 중 한 곳이다. 명 홍치 18년인 1505년과 가정·만력 연간에 거듭 보수하였다.

이 관성에는 동서로 2개의 문이 있는데 동문 현판에는 '거용외진居庸外鎭'이라 각자되어 있고, 서문 현판에는 항시 열쇠로 잠가 두었다는 뜻의 '북문쇄약北門鎖鑰'이 각자되어 있어 엄격히 통제되었음을 시사한다.

바다링 장성의 성벽 높이는 8.5m이고 성벽 위 통로의 넓이는 5.7m이며 성가퀴의 높이는 1m로 전투에 용이하게끔 총안과 110m마다 돈대를 두어 병력의 이동과 외적 방어에 유리하도록 만들었다.

바다링 장성은 남북의 방향으로 뻗었으며 남북 2개의 봉우리에는 각각 4개의 초루哨樓가 세워져 있는데 이 부

◐ 만리장성 초루 벽에 붙어 있는 4개 국어로 된 소매치기를 조심하라는 경고판. 중국 정부의 관광객에 대한 세심한 배려를 엿볼 수 있다.

◎ 바다링(八達嶺) 장성은 능선과 계곡을 가로지르며 마치 용이 비상하기 위해 달리는 것처럼 연면히 구부러지고 꺾이며 6,700km를 달려 만리장성이란 이름을 얻었다.

근의 장성은 웅장하며 용이 비상하기 위해 내닫는 모습처럼 보인다.

장성을 쌓는 데 사용된 전석, 즉 회색 벽돌은 진흙을 반죽하여 틀 속에 넣어 만든 일정한 규격품을 햇볕에 건조한 다음 불에 구어낸 것으로, 매우 견고할 뿐더러 수명도 길어 중국의 고대 건축물에서는 일반적으로 사용되어 왔다.

장성은 베이먼샤오야오 北門鎖鑰 에서 성루 좌우 양쪽으로 높고 낮은 기복을 넘어

Part 5 중국의 대성벽 만리장성 163

◐ '천하제일관(天下第一關)'이란 현판이 달려 있는 산하이관(山海關)의 동문. 만리장성은 보하이 만에 위치한 이 곳을 기점으로 서쪽으로 달려 깐수 성의 자위관에까지 이른다.

◐ 여름철의 만리장성 관광은 관광객이 인산인해를 이루어 뚫고 나갈 길이 없다. 관광 비수기를 택하여 관광에 나서는 것이 최선책이다.

구부러지고 꺾이며 연면히 6,700km를 달린다. 만리장성은 세계에서 그 유례를 찾아볼 수 없는 고대의 위대한 건축물임에 틀림없다.

이허위안(이화원)과 위안밍위안(원명원)

베이징 시내 중심에서 약 15km 떨어진 하이뎬 구海淀區에 자리잡고 있는 이허위안頤和園은 저명한 중국의 조원造園 중 하나로 청대의 행궁이었다. 건륭 15년인 1750년에 칭이위안清漪園의 이름으로 건설되었다.

함풍 10년인 1860년에 영·프 연합군에 의해 파괴된 것을 광서 14년인 1888년에 서태후西太后가 해군의 경비를 전용하여 10년간 재건하고 현재의 이름인 이허위안頤和園으로 개명하였다.

이허위안은 피서와 유락遊樂을 목적으로 한 중국 전통의 조원이며 완서우 산万壽山과 쿤밍 호昆明湖가 조화롭게 건설되었다. 점지 면적 290ha에 다양한 형식의

○ 베이궁먼(北宮門)에서 들어오는 이허위안(頤和園) 입구. 쑤저우 가(蘇州街)란 이름으로 불리어지는 후호(後湖) 양안의 상업 지구로 하절기에는 배를 타고 풍류를 즐길 수 있다.

◐ 베이궁먼 쪽에서 완서우 산(萬壽山)과 다보탑 쪽을 바라보는 경관.

◐ 칭옌팡(淸晏舫)은 원래 스팡(石舫)이라고 불렀다. 완서우 산(萬壽山) 서쪽 기슭의 쿤밍 호안에 청 건륭 20년(1755) 거대한 돌덩어리를 깎아 만든 일종의 선루(船樓)이다.

전당, 누각, 정자 등 3,000여 칸이 건축되었는데 대략 근정勤政, 주거, 유람 등 3개의 활동 구역과 포샹거佛香閣와 더허위안德和園 대극장 및 파이윈뎬排雲殿 등의 대표적인 청 말 목조 건물들이 있다.

이허위안은 중국의 근대사와 밀접한 관계가 있는 많은 중대 사건들의 흔적을 간직하고 있으며 신해혁명 후인 1914년에 개방되어 오늘에 이르고 있다.

이허위안과 부근 일대의 자연 환경을 살펴보면, 서북쪽에 동서로 발달한 옌산산맥燕山山脈의 여맥인 완서우 산(58.59m)과 그 전면에 자리한 쿤밍 호昆明湖가 아름다운 조화를 이루고 있다.

완서우 산의 정상과 완경사의 동서 사면에 균형 있는 건축군을 안배하여 경색을 한층 아름답게 만들었다. 쿤밍 호의 주요 경승지로서는 시티루차오西堤六橋라는 다리와 동제에서 난후다오南湖島를 연결한 150m 길이의 17공교 등이 있다.

한편 이허위안 북동쪽 지근거리에는 위안밍위안圓明園 유지공원遺址公園이 있다. 이 곳 또한 왕가의 대형 어원으로 청 강희 48년인 1709년에 시작하여 위안밍위안圓明園, 창춘위안長春園, 완춘위안万春園 등 3원을 조성하여 통칭 위안밍위안이라고 불러 왔다.

특히 이 어원은 청조의 다섯 황제가 전국에서 이름 있는 장인과 자료를 거두어 들여 150년이라는 오랜 세월 동안 완성시킨 희대의 걸작품이다. 뿐만 아니라 전국 각지에서 이름 있는 보물과 서화 도서 등 전통 있는 중국의 많은 물건들을 소장하고 있어 황가의 박물관과도 같았으나, 1860년과 1900년 등 양차에 걸친 서구 연합군의 약탈과 방화로 폐허화되었다.

중·일 전쟁의 불씨가 된 루거우차오(蘆溝橋)

루거우차오(노구교)蘆溝橋는 톈안먼天安門 광장에서 서남 방향으로 약 15km 떨어진 펑타이 구豊台區 중심부를 남북으로 관류하는 융딩 강永定河에 동서로 걸쳐 있는 오랜 역사를 지닌 석교이다. 12세기 말인 금나라 대정 29년(1189)에 건립

○ 루거우차오(蘆溝橋)의 동쪽 입구에 건교기념비와 '노구효월(蘆溝曉月)'이라 쓰인 한백옥비(漢白玉碑)가 있다. 이 교량은 연경 8경 중의 하나로 꼽히고 있다.

되었고, 명 정통 9년(1444)에 중수되었다. 그 후 청의 강희 연간에 홍수로 훼손되었으나 강희 37년인 1698년 중건되었다.

교량의 전장은 266.5m이며 넓이는 7.5m이나 교각은 11개의 아치형으로 아름다움을 더하였다. 다리의 양쪽 난간엔 140개의 기둥이 세워졌고, 각기 모양이

○ 800년이란 오랜 세월 동안 풍상을 겪으면서 수레바퀴와 말발굽의 편자에 의해 험상궂게 마모된 루거우차오(노구교)의 화강석 교판이다.

다른 사자상이 새겨져 있다. 발 밑에도 조그마한 사자가 있는데 그 신태神態가 서로 다르며 방문객을 환영하는 모습이다. 사자의 수는 정확하게는 486개이다. 1981년에 '노구교사료진열관'이 개설되었다. 밝은 달이 비치는 하얀 색의 루거우차오의 모습은 그 자체가 예술이다.

이탈리아의 대여행가 마르코 폴로(1254-1324)는 그의 여행기 중에서 세계에서 가장 아름다운 다리이며 이에 견줄 만한 다리는 어디에도 결코 없다고 극찬을 아끼지 않았다. 이러한 연유로 서양인들은 이 다리를 '마르코 폴로의 다리'라고 부른다.

교판에 깔아 놓은 육중한 구형矩型(직사각형) 상석들은 800여 년이란 오랜 세월 동안 사람과 마차의 통행으로 마식되었다. 특히 마차의 바퀴와 말발굽의 편자에 의한 심한 요철은 유구한 역사의 흐름을 말없이 웅변해 주고 있다.

Part 5 중국의 대성벽 만리장성　169

이 다리의 예술성과 견고성은 매우 뛰어나며 철제의 삼각형 쐐기를 요소에 삽입하여 외부의 충격을 완화시켜 493톤의 무게까지 지탱할 수 있다고 한다. 교대 또한 유선형으로 설계되어 홍수에도 견딜 수 있도록 준비가 되어 있다.

1937년 7월 7일 루거우차오에서는 중국군과 일본군의 충돌이 일어났다. 77사변으로 불리는 이 사건으로부터 중국 인민들의 가열찬 항일 전쟁이 시작되었다. 사자상이 조각된 난간에는 아직도 당시의 탄환 흔적이 남아 있어 전투의 치열함을 엿볼 수 있게 해 준다. 한편 전쟁은 1945년 8월 15일 일본의 항복으로 마무리되었다.

세계 3대 원인의 하나인 베이징 원인(北京猿人)

베이징 시北京市 남서부에 자리잡은 팡산 구房山區 저우커우뎬周口店 마을 룽구산龍骨山 산록에서는 소위 '베이징 인'으로 일컬어지는 원인猿人이 발굴되어 학계의 관심을 집중시킨 적이 있다.

● 지금으로부터 50만 년 전에 살았던 베이징 인의 집이라고 표현한 안내 간판.

○ 베이징 원인(北京猿人) 발굴 현장의 퇴적층에 대한 충적세의 층서(層序) 구분 표시.

룽구 산龍骨山의 산명이 시사하는 바와 같이, 이 곳은 중생대 쥐라기의 공용 화석들이 발굴되어 소위 용골龍骨이란 한약재의 산지로서 널리 알려져 온 곳이다. 그러나 룽구 산 주변 일대에는 고생대의 전기에 해당되는 오르도비스계의 석회암이 넓은 지역에 걸쳐 분포되어 있어 많은 석회암 동굴과 석회 관련 공업이 발달하고 있다.

이런 저우커우뎬周口店 마을이 세계적 주목을 받게 된 것은 석회암 동굴과 와지 내의 중부 갱신세 상층부에서 발견된 2개의 구치臼齒를 기초로 이루어진 베이징 원인北京猿人에 대한 연구에서 비롯되었다.

이 곳에 대한 본격적인 발굴 작업이 진행되면서 1929년 12월에는 중국의 고생물학자 페이 원중裵文中이 완전한 두개골 화석을 발굴하게 되었고, 그 후 1937년까지의 지속적인 발굴로 많은 성과를 학계에 발표하기에 이르렀다.

발굴 작업으로 50~60만 년 전의 베이징 원인의 화석과 문화적 유물, 척추동물 화석 외에도 비교적 완전한 두개골 5구와 두개골 파편 9덩어리, 면골面骨 6덩어리, 하악골 15덩어리 등이 발견되었다. 또 치아 152개와 부러진 허벅지와 팔뼈 등 40여 개, 남녀노소의 개체와 10만 건의 석기 재료, 그리고 불을 사용한 흔적인 잿무덤灰燼層과 불에 구워진 돌덩어리, 불에 구운 짐승의 뼈대 등도 다수 발

○ 북경 원인의 두개골
(복제)과 두부 복원상.

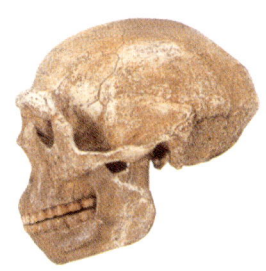

견되었다.

이 가운데 잿무덤과 불에 그을린 돌덩어리 및 초식 동물의 뼈대 등을 덮고 있는 잿무덤의 발견은 베이징 원인이 불을 사용하였음을 입증하는 증거가 되었다. 이는 또한 베이징 원인이 필요한 석기나 골기의 제조 능력도 가졌다는 사실도 입증하는 것이었다.

따라서 베이징 원인의 발굴은 1891년 트리닐 중기인 홍적세 중층에서 발굴한 인도네시아의 자바 원인 및 1907년 독일의 하이델베르그에 가까운 마우엘Mauer에서 발굴된 하이델베르그 인과 더불어 크나큰 성과로 기록되었다.

◯ 저우커우뎬의 베이징 원인 유적은 유네스코 지정 '세계 유산'으로 보호 관리되고 있다.

04 중국 문명의 발상지 황토 고원

바오터우(包頭) 부근의 다라터치(達拉特旗) 사막

살을 파고드는 강추위 속에 공항 호텔을 08시 정각에 출발하여 황하 대교를 건너 계속 남진하였다. 정오가 조금 지나 쿠부치庫布齊 사막의 동부에 해당되는 인컨 사막銀肯沙漠 주변의 촌락 바이니징白泥井에서 간단한 필요 장구를 챙기고, 배낭을 짊어지고 강바닥까지 꽁꽁 얼어붙은 무명천을 건너기 시작하였다.
그리고는 자연 경사면(안식각)을 이룬 건너편 언덕의 사구砂丘 급사면을 발목까지 푹푹 빠지며 오르기 시작했다. 바람을 안고 오르는 사면에 유사 현상流沙現象이 나타나 앞서가는 사람의 발자국을 찾아볼 수 없었다. 그 때 문득 사구의 이동과 성장의 원리를 깨닫게 되었다. 바람이 몰고 온 비사 현상飛沙現象으로 안정된 안식각 사면은 중력적으로 안정을 잃고, 사구는 풍하 측으로 유사 현상을 일으켜 이동하며 또 다른 사구를 만들어 전진한다.
끝없는 사구의 전진으로 사구의 정상에 올라서면 눈앞은 마치 망망대해의 물결치는 파도를 연상시키는 모래 바다이다. 야장(야외 조사시 들고다니는 기록장)

◐ 바오터우(包頭) 국제공항 신청사. 도시의 인구나 규모에 비해 훨씬 크고 화려하게 신축되어 있다.

◐ 바오터우 신시가지의 현대적 건물과 시원스러게 넓은 포장 도로. 그러나 교통량과 행인의 모양새로 보아 한가롭기만 하다.

◎ 다라터치(達拉特旗) 사막으로 들어가는 길목의 결빙된 무명천.

을 들고 진행 방향의 방위각을 기록하여도 직선상의 진로가 아닐 바에는 무모한 시도였다. 들어갈 수는 있어도 나올 수 없다는 타클라마칸 사막의 어휘만 생각해 보아도 공포감이 앞길을 가로막았다.

가끔 유약을 바른 듯 아름다운 자갈이 보였다. 그런데 들어 보면 어김없이 반 토막의 반자갈이다. 이것이 바로 풍식 작용과 고온하에 다듬어진 사막칠(desert varnish) 현상인데 삼능석(dreikanter)의 생성과 같은 원리로 풍식이 진행되어 접지면이 보호된 증거라고 생각되었다. 다만 삼능석은 계절풍의 방향이 뚜렷하게 바뀌는 곳에서 만들어지고, 두 동강난 반 토막의 자갈 같은 반력半礫은 일정한 풍향을 가지지 않는 머저리바람에 의해 풍식을 받은 결과라고 추리하였다.

중국인들은 이와 같은 desert vanish 현상을 황막칠荒漠漆, 즉 사막칠이라 칭하며 통상 흑백의 역석礫石을 가리키는데 이 중 백색의 것을 아커다라阿克達拉, 즉 백색 고비白色戈壁라고 부른다.

뿐만 아니라 중국인들은 사막을 황막荒漠으로 부르고, 역막礫漠을 암막岩漠(hamada)과 구별하여 '고비gobi'라고 불러 서방 세계의 레그reg(자갈 사막)란 용어와 구별하여 독자적으로 사용한다.

이 밖에도 우리들이 사용하지 않는 이막泥漠과 염막鹽漠이란 용어를 사용하고 있는데 이막은 잘 이해되지 않지만 염막은 염성 평야鹽性平野, 즉 끝없는 염각鹽殼에 뒤덮인 플라야playa 평원을 지칭한다고 보겠다.

중국의 지모학자 장 바이핑張百平은 고비의 성인으로

① 고대 하성물河成物,

② 홍적물洪積物,

③ 기저력암基底礫岩 풍화 잔적물殘積物

등 세 가지를 들고 있는데, 이들의 합성으로 생각함이 좋을 것 같다.

결론적으로 자갈 사막인 레그의 생성은 바람이 모래를 날려 버리는 비사 현상의 산물이며 오랜 세월 동안 바람의 통로에서 자갈의 누적으로 표출된 결과라고 생각하여야 할 것 같다.

○ 지평선이 보이는 광대무변한 몽고 고원의 일출 광경.

공중에서 관찰한 쿠부치(庫布齊) 사막과 황토 고원

바오터우包頭에서 정오에 이륙한 낡은 쌍발 프로펠러 2Z182기는 고막을 찢을 듯한 굉음을 내며 위린榆林까지 260km를 인컨 사막銀肯沙漠의 허리를 가로질러 횡단하였다. 약 40분간 숨막히는 사구砂丘의 여러 가지 유형을 관찰하는데 타클라마칸 사막에서 느껴 본 감동의 재판이다.

반달 모양의 바르한 사구지가 파노라마처럼 스치고 지나간다. 뒤이어 격자상의 사구들이 나타나는데 이것 또한 타클라마칸 사막의 유형과 동일하였으나 규모 면에서 왜소한 느낌이다. 표사 현상(drift sand)으로 만들어지는 모래언덕이므로 변화무쌍함은 두말할 나위가 없다. 사구의 형태와 규모는 바람의 속도와 방향 공급되는 모래의 양과 입자의 크기 또는 주변의 지형과의 밀접한 상관 관계에서 만들어지므로 같은 지역을 여러 차례 답사한다 해도 늘 새로운 느낌을 갖게 된다.

바오터우 공항과 위린의 중간 지점인 청지쓰한成吉思汗(징기스칸) 묘의 상공을 지나 위린 공항에 착륙하였는데 그야말로 전 구간을 사막에서 출발하여 사막으로 마무리한 셈이었다.

약 1시간 가량 위린에서 휴식을 취하고 다시 이륙하였다. 잠시 후 경관이 180도 다른 황토 고원黃土高原의 핵심부를 북에서 남으로 종관하게 되었는데 그 경관의 아름다움은 실로 감동적이었다.

만두 모양의 황토 언덕, 즉 '마오峁'를 개간한 수없이 많은 동심원의 계단상 경작지와 침식곡으로 둘러싸인 '위안塬'이란 이름의 평탄한 황토 원형면原形面. 이 원형면의 규모에 따라 촌락과 도시가 입지하고 있다.

중국 학자들은 위안을 가르켜 황토 구간지黃土溝間地라고 부르며 황토 지형의 가장 중요한 부분이라고 강조한다. 현지 주민들도 탁자상 황토 고지라 부른다고 하니 이것이 바로 황토 고원의 원형면이라고 이해가 된다.

이들 황토 구간지는 그 규모와 모양새에 따라 황투위안黃土塬, 마오峁, 량梁, 젠

◉ 황토 골짜기와 골짜기 사이의 능선부를 중국 사람들은 황토 구간지(黃土溝間地)라고 부르며 특별히 마오(峁)란 학명을 부여하였다. 이들은 이 곳을 매우 중요하게 여겨 동심원의 계단상 경작지로 개간하여 세계적 밀 산지로 변화시키는 데 성공하였다. 공중에서 바라보는 아름다움이 머리 속 깊이 각인되었다.

Part 5 중국의 대성벽 만리장성

디間地, 핑디坪地, 장디丈地 등으로 분류된다. 위린榆林-시안西安 간을 날아가는 항로상에서는 시종 황토 고원이 관찰되었으며 그 중간 지점에서 유명한 옌안 시延安市도 관찰할 수 있었다. 퉁촨 시銅川市에 이르러 관중 분지關中盆地가 보이더니 이윽고 시안西安에 착륙하였다.

황토 고원의 범위와 황토층의 두께

황토 고원의 범위는 대체로 북쪽은 장성에서 시작하여 남쪽은 친링秦嶺에 이르며 서쪽은 칭하이 호靑海湖 동쪽의 36°9′N과 101°00′E의 교선상에 자리잡은 르웨 산日月山에 이른다.

동쪽은 허베이 성河北省의 타이항 산太行山에 이르는 범위로서 행정 구역상으로는 칭하이靑海, 닝샤寧夏, 간쑤甘肅, 산시陝西, 산시山西, 허난河南 등 6개 성구省區에 걸쳐 있으며 면적은 41만 km²에 달한다.

한편 황토층의 두께는 대체적으로 100m 이하이지만 룽둥隴東, 산베이陝北, 진시晉西의 황토층은 매우 두껍다. 루판 산六盤山 동쪽에서 뤼량 산呂梁山 서쪽의 황토층은 대체로 100~200m 사이이지만 때로는 300m에 이르는 곳도 있다.

백만의 지하 주거지 야오둥(窯洞)

1990년 12월 18일 21시 26분 베이징발 란저우蘭州행 특급 열차에 몸을 실었다. 곤한 잠에서 깨니 아침 8시 열차는 정저우鄭州에 도착하였다. 밤새도록 기름진 땅 화베이 평원華北平原을 줄기차게 달려 온 셈이다.

우리는 친링秦嶺 북쪽의 황하 연안에 발달한 뤄양 시洛陽市와 싼먼샤 시三門峽市, 그리고 퉁관 역潼關站에 이르는 윈청 지구運城地區 주변에 발달한 '야오둥窯洞'을 관찰하며 기록하기에 여념이 없었다.

◐ 링바오(靈寶) 부근의 야오둥(窯洞) 지대. 많은 경지가 보이나 주거나 촌락은 찾아볼 수 없다. 다만 황토 절벽면에서 연애식(沿崖式) 주거의 입구만이 확인된다.

◐ 촌락은 없고, 밀의 공동 탈곡을 위한 진흙벽 돌로 된 울타리와 밀짚이 산더미처럼 쌓여 있어 이 일대가 중국 굴지의 밀산지임을 말해 주고 있다.

Part 5 중국의 대성벽 만리장성

◐ 산쎈스(山懸式) 또는 옌야스(沿崖式)라고 불리는 야오둥이 밀집된 구간지(溝間地)로 하나의 작은 집단 촌락으로 보여진다.

보이지 않는 지하의 혈거 도시

반건조의 땅, 기후학적으로 나무가 자랄 수 없는 황토 고원에는 영농을 위해 오랜 옛날부터 황토 측면에 굴을 파고 사람이 살아 온 유구한 역사가 있다. 황토 고원 주변 수직벽상의 주거지 '야오둥窯洞'이 바로 그렇다.

야오둥에는 다음과 같은 장점이 있다.

① 필요한 건축 재료가 적게 들어 건축 비용이 저렴하다.
② 시공상의 제약이 없을 뿐더러 간단한 공구로 부부가 힘을 모아 여가를 활용

하여 점진적으로 완공에 이를 수 있다.
③ 황토 고원 지역의 경지를 점용하지 않으며 강가의 관개 가능한 모든 땅을 충분히 활용하여 생산력을 증대할 수 있다.
④ 땅 속 깊은 곳에 있으므로 겨울에는 따뜻하고 여름에는 서늘하다. 즉 이 곳에는 도시 사람들이 삼복 더위에 지하실이나 동굴 관광에서 체험할 수 있는 서늘함이 있다.
⑤ 나아가서는 자연 환경은 물론 경관을 훼손하지 않으며 생태계 또한 파괴하지 않는 가장 이상적인 취락 형태이다.

반면 야오둥은 다음과 같은 단점도 지니고 있다.

① 조습하고 통풍이 나쁘다.
② 이웃과의 상호 협력이나 친밀성의 유지에 문제가 있다.
③ 무법과 불법적 요소가 있다하여도 법적 대응이 어렵다.
④ 야오둥의 분산적 형태는 현대화 과정에 있어서의 삶의 질의 향상이나 공공시설의 건설 및 안배에 어려움이 있다.

야오둥의 종류
야오둥窯洞의 종류는 매우 다양하다. 그러나 건축 재료상으로 좐스야오磚石窯와 투야오土窯가 있고, 건축 형식과 장소에 따라 디컹스地坑式와 옌야스沿崖式, 투피궁스土坯拱式의 세 가지 유형이 있다.

① 디컹스(地坑式)
일명 샤선스下沈式라고도 부르는데 허난 성河南省과 산시 성陝西省 남부에 많은 야오둥 유형이다. 먼저 표토를 5~6m의 깊이로 파 내려가 약 100m²의 내정內庭을 만든다. 다음으로 내정 주변의 측벽을 파고 들어가 방을 만드는 형식으로 동

○ 많은 밀짚과 밀낟가리들, 그리고 옌야 식(沿崖式) 야오둥 저장고가 보인다.

네에 있으면서도 집들은 보이지 않는 것을 특징으로 하고 있다.

② 옌야스(沿崖式)

일명 산쒠스山懸式라고도 부르는데 일반적으로 산시 성陝西省 북부 지방에서 흔히 관찰된다. 이 유형은 황토 절벽면을 따라 직접 굴을 파 들어가는 형식으로 가장 보편적이다. 일반적인 야오둥의 형태라고 말할 수 있는 동시에 이 형식은 전망과 채광이 좋아 가장 이상적이다.

이와 같은 옌야스沿崖式에는 투야오土窯가 기본이나 재료의 선택 여하에 따라 스야오石窯와 좐야오磚窯로 나뉘어 지기도 한다.

③ 투피궁스(土坯拱式)

황토 고원의 평천 지구平川地區에 건설되는 일종의 반야오둥식 건축 구조이다.

황토 고원 지역의 많은 현성縣城과 대진大鎭에서 흔히볼 수 있는 투피궁스土坯拱式 야오둥은 공공 기관을 비롯한 학교 건물 등에서 흔히 볼 수 있는 형식이다. 일종의 반야오半窯식 개량형으로 여러 가지 변형도 있다.

1986년도 통계상으로 본 야오둥의 민거 분포는 산시陝西, 간쑤甘肅, 산시山西, 허난河南, 닝샤寧夏, 네이멍구內蒙古, 칭하이靑海, 허베이河北 성 등의 총 200여 현에 걸쳐 있다. 뿐만 아니라 야오둥은 4,000여 만 명의 거민을 수용하고 있는 세계 속에 유례가 없는 기이한 농촌 촌락의 형태이다.

05 고도 시안으로의 시간 여행

역사 도시 시안(西安)

'친두시안秦都西安'으로 유명한 산시 성陝西省의 성회 시안西安은 중국의 저명한 6대 고도(베이징北京, 뤄양洛陽, 카이펑開封, 난징南京, 항저우杭州, 시안西安) 가운데 으뜸으로 꼽히는 세계적인 역사 도시로서 관광객들의 발길이 연일 끊이지 않는 곳이다.

시안은 지리적으로 산시 성陝西省 중부에 자리잡은 관중 분지關中盆地에 입지하며 수리적으로는 북위 34도~36도, 동경 108도~110도의 범위에 있다. 평균 해발 고도는 400m, 연평균 기온은 10℃ 이상으로 기후가 온화하고 연평균 강수량도 500mm 전후로 토지가 비옥하여 사람이 살기에 아주 적합하다. 따라서 영농을 비롯한 경제 활동이 활발하여 일찍부터 왕도로서 발전하여 왔다.

지형적으로도 남쪽은 친링秦嶺 산맥의 타이바이 산太白山, 중난 산終南山, 리산 산驪山, 화산 산華山과 접하고, 북쪽은 길게 뻗은 베이산 산北山에 면하며, 서쪽은 높이 솟은 룽산 산隴山에 둘러싸여 있다.

○ 장안성(長安城) 남문 위에 건설된 문루와 철옹성의 크기는 시안성(西安城)의 규모를 짐작케 한다.

이 밖에도 동쪽에는 호탕하게 흐르는 황허黃河가 있어 동쪽에서 서쪽을 바라보면 관중 분지의 기복 산지들과 어울려 마치 용이 놀고 있는 듯한 느낌을 받게 된다. 뿐만 아니라 시안의 서쪽에는 펑수이 강灃水과 짜오수이 강澇水, 남쪽에는 가오수이 강鎬水과 쥐수이 강潏水, 동쪽에는 찬허 강滻河과 바허 강灞河, 북쪽에는 징허 강涇河과 웨이허 강渭河이 있어 8개의 하천이 장안을 누비듯 흐르는 산수 공존의 형국이다.

시안은 주나라의 무왕이 세운 호경鎬京에서 비롯된 도시이다. 그리고 서주西周 이후 왕망王莽이 한나라를 찬탈하여 세운 신망新莽과 서진의 민제愍帝가 집정한 짧은 기간을 합쳐 당나라에 이르기까지 12왕조 1200년 동안 단속적이었지만 도읍지로 중국의 역사상 찬란한 지위를 차지하여 왔다. 그 중에서도 당대에 가장 번영했지만, 여기에서는 진시황의 장거 그리고 비극에 관계된 기사들과 진나라의 유적들에 대해서 간략하게 살펴보고자 한다.

◯ 친두(秦都) 호텔 북쪽 모퉁이에 있는 위샹 문(玉祥門). 시내 렌후 로(蓮湖路) 서쪽의 성밖은 다칭 로(大慶路)와 연결되며 서문과 더불어 시안의 중요 간선을 이루고 있다.

◯ 아침 안개가 낀 위샹 먼(玉祥門) 바깥쪽의 성벽과 해자 및 성벽상에 일정한 간격을 두고 배치된 초루(哨樓).

○ 시원스럽고 넓은 장안성(長安城) 위의 도로는 도시의 편도 2차선 도로보다도 넓으며 일시에 완전 무장한 많은 병사들의 이동을 가능케 한다.

진시황의 천하 통일과 정책들

진시황(기원전 259~기원전 210)은 전국 시대 제후국인 진秦나라 장양왕莊襄王의 아들로 이름은 정政이며 즉위시의 나이는 불과 13세였다(기원전 245). 어린 나이에 왕위에 올랐기 때문에 초기에는 태후 충신寵信의 신임을 받은 여불위呂不韋와 환관 노애嫪毐가 전권을 행사하였다. 그러나 장성하여 친정에 들어가자마자(기원전 238) 노애의 반란을 진압하였고, 다음해에는 여불위도 제거한 후 이사李斯와 왕전王剪을 중용하여 통일 전쟁을 꾀하였다. 기원전 230년에 한韓을 시작으로 기원전 221년까지 위魏, 초楚, 연燕, 조趙, 제齊를 차례로 멸하여 중국 역사상 최초의 통일 국가를 건설하였다.

그는 통일 후 강력한 중앙 집권 정책을 추진하였는데 전국을 나누어 36군을 설치하고 군 밑에는 현을 두어 그 최고 통치자로 군림하였다. 뿐만 아니라 스스로

○ 장안성의 초루와 남문 철옹성의 거대한 규모는 장안성의 규모를 짐작케 하는 척도가 된다. 현재의 시역은 명나라 때 구축한 것이며 구 시가는 당나라의 장안성을 중심으로 한 지역이다.

'시황제始皇帝'라 칭하고 국가의 중대 사무에 대한 결정권을 행사하였다. 국가와 지방 관리의 임면을 비롯하여 법률과 도량형을 통일하고 화폐와 문자를 제정하였다. 그리고 만리장성을 축성하는 한편, 전국에 걸친 중요 도로를 개통하는 등 만천하에 그 위력을 과시하였다.

또 망 6국의 귀족들은 통일된 새 정권에 대해 늘 원한을 품고 있었으므로 시황제는 통일된 정권의 기반을 견고히 하고 재앙의 근원을 제거하기 위하여 다음과 같은 정책들을 강구하였다.

① 부호 12만 호의 수도 셴양咸陽으로의 강제 이주
② 전국에 흩어져 있는 각종 병기의 몰수
③ 각종 성곽의 파괴와 군사 거점의 철저한 제거
④ 북방에 장성 축성을 통한 흉노의 침입 봉쇄
⑤ 남쪽 웨청越城, 두팡都龐, 멍주萌諸, 치톈騎田, 다위大庾 등 5령五嶺의 수비 강화

⑥ 5차에 걸쳐 거의 전국을 돌아본 시황제 자신의 지방 순행(이 일로 제도와 공적을 널리 알렸으나 마지막 순행 도중 병을 얻어 죽었다.)
⑦ 사상의 통일을 위해 분서갱유焚書坑儒 단행(진나라를 기록한 이외의 사서 등은 불태우고, 유생들은 생매장하였다.)

한편 시황제는 즉위와 동시에 그의 능묘를 리산 산驪山에 파기 시작하였는데 이 역사役事에는 죄인 70만 명이 동원되었다. 능 동쪽의 병마용갱의 광대한 규모만 보아도 전한前漢 시대의 역사가 사마천司馬遷의 기록이 결코 과장된 것이 아니었다. 또 시안 서쪽 아방촌이라는 한촌에 아방궁阿房宮을 만들었으며, 특히 만년에는 불로장생의 영약을 얻어 영원무궁토록 제왕의 지위를 누리고자 하였다.
이렇게 가혹하게 추진된 통일 정책과 대규모 토목 공사로 인해 불만이 누적되고 국력이 낭비되어, 시황제가 죽자 진 제국은 급속히 와해되고 말았다.

진시황병마용박물관 관람기

1974년 3월 린퉁 현臨潼縣 옌자이 공사晏寨公司 시양西楊 생산대의 한 농민이 가뭄을 극복하기 위해 우물을 파던 중 부서진 옛날 토기 조각과 부처님의 머리와 비슷한 도자기 공예품을 발견하였다. 이후 고고학 관계자의 현지 조사와 발굴 작업에 의해 원래 이것이 지하에 매장되어 있던 2,000년 전 진시황의 근위병 군소群塑라는 것을 알게 되었다.
이 곳에서는 완전 무장된 병사, 사자使者, 전투마를 끄는 사람이 탄 전차 등 총 6,000점 이상의 각종 매장 문화재가 발견되었다. 이것들은 모두 당시 사람이나 말의 실제 크기 그대로였으며 그 중 일부의 전차와 병기는 실물이었다.
현재 이미 발굴된 병마용갱兵馬俑坑은 1호, 2호, 3호갱으로 이름이 붙여져 있다. 1호갱의 깊이는 약 5m이며 동서의 길이 230m, 남북의 넓이 62m로 총 면적은 14,200m²이다. 이 곳에는 병마용이 6,000점 가까이 있는데 이들은 일렬로 대오

◐ 1979년의 발굴 현장에 박물관을 지어 도용 대군의 모습을 발견 당시 그대로 전시하고 있다. 진시황릉의 병마용갱에서는 완전 무장한 병사와 전투마를 끄는 사병과 전차 등 6,000점 이상의 여러 가지 매장 문화재가 발견되었다.

를 지어 보무 당당하게 동쪽을 향해 행진하는 모습을 보여 주고 있었다.

무사용武士俑은 신장 1m 75cm~1m 85cm, 무게는 300kg으로 천으로 만든 군복을 입은 무사용과 갑옷을 입은 무사용 2가지이다. 도제마陶製馬는 실존 말의 크기와 같았고 높이는 1.5m, 체장은 2m였다. 4필의 말이 각기 1조가 되어 목제 전차 1량을 끌고 있다. 마차의 전면에는 갑옷을 입은 무사용이 세 줄로 늘어섰는데, 첫줄에 서 있는 네 사람의 손에는 구리로 만든 창이 들려 있고 허리에는 동검을 차고 있었다.

전차 뒤에는 무장한 병사들이 줄지어 섰는데 그들은 씩씩한 기품이 넘쳐 흘렀다. 이들 병마용은 원래 선명하게 채색되어 있었으나 아깝게도 2,000년 이상 땅 속에 묻혀 있어서 퇴색이 되었다. 그러나 부분적으로 남아 있는 색은 원래 풀색과 엷은 풀색, 검붉은 적색과 진한 붉은색, 보라색, 남색, 노랑색, 주황색, 검은색, 백색, 회색, 홍갈색 등의 여러 가지 색깔로 조화로운 배색을 하여 군진 전체를 용맹스럽고 웅장하게 돋보이는 효과를 주었다.

금속 병기로는 동검銅劍, 동노銅弩, 동촉銅鏃, 철촉鐵鏃, 동모銅矛를 비롯한 각종 동병기銅兵器들이 다량 출토되었는데, 오늘날까지도 매우 예리한 길이 1m의 청동검은 그 광채와 예리함이 새로이 만들어진 것처럼 화려했다.

1976년 5~6월에 걸친 탐사로 제2호 병마용갱과 제3호 병마용갱이 발견됨으로써 목제 전차 89량과 도제차와 병사 261점, 도제마 356필 기병용騎兵俑, 116체 안장을 사용한 말 116필, 보병마용步兵馬俑 562체와 다량의 금속 병기가 추가로 발견되었다.

뒤이은 1980년의 탐색으로 대형채회동마차大型彩繪銅馬車까지 발굴하는 쾌거를 이룩하였다. 이 동마차는 실물의 절반으로 차마의 장식은 호화의 극치를 이루고 있다. 대량의 금·은재로 장식하였음은 물론 화려한 채색까지 하였으니 세계의 이목을 집중하기에 충분하고도 남음이 있었다.

1979년 병마용 제1호갱 유적지 발굴 현장에 대규모의 진시황병마용박물관秦始皇兵馬俑博物館이 건조되었다. 이 박물관은 전람관의 길이 230m에 넓이 70m, 건물의 높이 23m의 거대한 건물 내부에 도용대군陶俑大軍 천여 명이 위용을 과시하고 있다.

● 도용대군이 보무 당당하게 행진하는 모습의 발굴 현장에 건설된 진시황병마용박물관(秦始皇兵俑博物館) 제1호갱의 위용.

● 정교하고 화려한 청동마차가 전시되어 있는 제2호 전시관.

◎ 2300여 년의 역사를 간직한 진시황릉의 부장품으로 네 마리 말이 끄는 청동마차. 정교하고 화려할 뿐만 아니라 살아서 움직이는 것 같다.

란저우(蘭州) 과학원의 런 홍천(任宏琛) 공정사

우리 일행은 베이징 역에서 란저우까지 동행한 대학생 런 더위(任德育)와 그의 모친의 호의로 란저우에서의 이틀을 매우 즐겁게 보낼 수 있었다. 런 더위의 아버지는 란저우 과학원의 태양열 공정사(工程師)이고 그의 모친은 과학원의 공의(公醫)였다. 여동생은 고등학교 3학년으로 한국의 학생들과 마찬가지로 대학 입시 준비로 매우 긴장된 시간을 보내고 있었다. 그리고 런 더위는 제법 여가를 선용하는 스타일의 대학생이었다.

아침에 런 더위가 호텔을 방문하여 부모님이 우리 부자를 만찬에 초대하고 싶다는 뜻을 전하기에 쾌히 승낙하였다. 저녁 때가 되어 런 공정사의 남매가 모시러 왔다고 하기에 약간의 선물을 준비하여 따라나섰다. 런 홍천(任宏琛) 공정사는 해외 나들이도 비교적 잦은 유능한 기술자였다. 태

◎ 베이징에서 란저우까지 함께 여행한 런 더위(任德育)와 그의 모친.

Part 5 중국의 대성벽 만리장성 **195**

● 런 훙첸(任宏琛) 태양열 공정사의 만찬 초대로 란저우 과학원 내 그의 자택을 방문하였다.

● 맑은 물이 흐르는 란저우(蘭州)의 황허 대교(黃河大橋)와 건너편의 도시 풍경.

양열에 관한 인류의 미래상을 이야기하며 즐거운 시간을 가족적인 분위기 속에서 마음껏 즐길 수 있었다.

저녁 식탁을 준비한 런 공정사의 부인은 의사라기보다는 요리사에 가까울 정도로 음식 솜씨가 뛰어났다. 식탁에 배열된 음식의 예술성, 시각적·미각적 조화는 우리를 미각의 삼매경에 한껏 취하도록 했다.

우리가 맛본 중국 상류 가정의 여유 있는 식탁 음식을 여기에 잠깐 소개한다.

◎ '녹화간쑤(綠化甘肅) 조복자손(造福子孫). 인류, 생존, 환경'이란 자연보호 간판. 그러나 중국에서는 이런 어구가 무색할 정도로 야생 조수의 남획과 매매가 이루어지고 있다.

① 식탁 중앙의 중심펑웨衆星捧月는 큰 접시의 중심에 그림과 같이 구워진 에그 후라이가 다소곳이 자리잡고, 고기와 곁들인 버섯과 채소의 아름다운 조형물이 마치 중천에 떠오른 둥근 달과 별들이 떠받치고 있는 듯하다.

② 다샤파우쓰大蝦泡司는 당면튀김을 깔고 그 위에 왕새우 튀긴 것을 사람 수대로 얹은 것으로 우리 나라에서도 흔하게 접할 수 있다.

③ 무시러우木犀肉는 고기와 버섯 및 말린 꽃을 함께 볶은 것이다.

④ 어우藕 연근 조림은 우리 나라의 연근 조림법과 동일하다.

⑤ 쑹화단松花蛋은 계란 썩힌 것으로 쾌변의 효과가 뚜렷하다.

⑥ 러우창肉腸은 햄을 구운 것으로 우리들의 조리법과 동일하다.

⑦ 쑤지素鷄는 유부인데 중국 사람 특유의 간떠우푸干豆腐와 같다.

⑧ 핑궈蘋果는 사과 토마토 뻐터구이 외 여러 가지 숙채熟菜들이다.

Part 6

지리학 삼부자의 중국 지리 답사기

백설에 뒤덮인 알타이 시

中國

01 중국 최대의 소금창고 칭하이와 다부순 호
02 [리포트] 지형학 사전에도 없는 사포 사막
03 백설에 뒤덮인 알타이 시
04 버스로 횡단한 톈산 산맥
05 타클라마칸 사막의 최남단 오아시스 허톈
06 중국 대륙에서 가장 낮은 땅 투루판 분지

01 중국 최대의 소금창고 칭하이와 다부순 호

'푸른 색의 바다' 칭하이 호(靑海湖)

1992년 12월 23일 오후, 시닝西寧발 거얼무格爾木행 특급 열차의 4인용 방차에 승차하였으나 손님은 우리 부자뿐. 썰렁하고 더욱 한기가 느껴졌다. 그래도 어둡기 전에 칭하이 호를 관찰할 수 있어 다행스럽기만 했다.

칭하이 호靑海湖는 중국 최대의 염호鹽湖이며 몽골 어로 쿠쿠뉘얼(코코놀)庫庫諾爾, 즉 '푸른 색의 바다' 라는 뜻이다. 칭하이 성靑海省의 성회인 시닝西寧에서 서쪽으로 약 100km 거리에 있는 칭하이 호의 호면 높이는 해발 3,194m로, 주변을 둘러싸고 있는 산지들 모두가 4,000m 이상임에도 불구하고 호수에서 바라본 경관은 구릉지에 불과하였다.

칭하이 호는 하나의 거대한 단층성 함몰호로 신생대 제3기 말의 히말라야 조산운동 중에 호분이 만들어졌다.

호수의 모양새는 능형(마름모꼴)으로 그 장축은 북서쪽에서 남동쪽의 주향을 보인다. 동서로 가장 넓은 곳은 106km, 남북으로 가장 넓은 곳은 63km이며 호수의 둘레는 360km로 그 면적은 4,400여 km²에 육박한다. 평균 심도는 19m이며 최심부는 28m이다. 총 저수량은 약 854억 m³이나 건조 기후 지역이어서 호수의 면적은 해마다 줄어드는 추세이다. 호수로 유입되는 하천은 40여 줄기이고 운반 물질은 삼각주를 형성하고 있다.

한편 칭하이 호는 매년 10월 중·하순에 얼기 시작하여 12월 초면 완전 결빙되었는데 이듬해 4월 중순에나 해동된다. 거의 반 년 동안 결빙이 지속되기 때문에 얼음의 두께는 50~80cm에 이르러 사람과 짐승이 오갈 수 있다.

다부순(達布孫) 염호의 아름다운 염정들

우리 일행은 이제 동경의 대상이었던 다부순 호(達布孫湖)를 탐사하기 위해 떠나야 했다. 시내의 중심가에서 택시를 대절하려고 교섭을 했는데 착하고 어질게 보이는 청년과 뜻이 맞아 600위안(110달러)을 주고 하루 종일 쓰기로 하였다.

○ 다부순(達布孫) 호안에 발달한 광대 무변한 플라야(playa)라는 이름의 대염탄(大鹽灘), 즉 염각 평야(鹽殼平野).

● 평행선은 어느 한 점에서 교접한다는 기하학의 원리를 연상케 하는 차이다무 분지(柴達木盆地)의 곧은 길과 하늘의 접점.

대절된 차는 우리 나라의 다마스와 비슷했지만 소금길을 달리는 차들이라 철판이 녹슬고 부식되어 여기 저기에 구멍이 뚫어져 있어, 차 내에서 차의 바퀴와 달리는 길바닥까지 훤히 볼 수 있을 정도였다. 뿐만 아니라 문짝도 녹슬고 망가져 제대로 열리지 않아 운전사가 일일이 열어 주고 닫아 줄 정도로 낡았지만, 이 곳의 사정으로 보아 만족하지 않을 수 없었다.

이 무모한 탐사길은 지금 생각해 보아도 모골이 송연할 정도의 전율이 느껴져 온다. 왜냐하면 망망대해로 출범하는 일엽편주와도 같이 폐차 직전의 차로 거친 사막을 달리며 염각(salt crust)에 뒤덮인 험상궂은 지평선, 지구의 원호를 보는 무인지경의 두려움이 앞을 가렸기 때문이다. 영하 30℃의 혹한에 만약 차라도 고장이 났다면 구원의 손길을 뻗을 곳이 어디에도 존재하지 않았기 때문이다.

길을 찾기 위해 차가 출입한 흔적만 보고 전진과 후진을 거듭하였다. 광대 무변한 호염 평야湖鹽平野. 칼날같이 예리한 염각의 모서리에 닳고 닳은 타이어가 과연 견뎌낼 수 있을지, 생각하면 생각할수록 불안만 증폭되었다.

드디어 운전사의 고모이며 차주인 동시에 조수 노릇까지 도맡은 아주머니가 환호한다. "칸잰러看見了, 칸잰러看見了!" 오히려 그들이 우리보다 더 걱정한 사람들이었나 보다. 바라다보니 아득한 지평선 저쪽 하늘 아래 석양에 반사된 다부순 염호의 호면이 보인다. 운전사는 박장 대소하며 "임무 완수. 만세! 만세!"를 연방 외쳐 댄다. 그러나 이로부터 호안에 접근하는 데도 무려 2시간이 걸렸다.

망망한 염호 위에 층층 누각의 신기루 현상이 탐사자를 현혹한다. 느닷없이 덜커덩 쿵. 앞바퀴가 염각 아래의 수렁으로 빠져 들어간다. 갖은 고생 끝에 간신히 차체를 들어올리는 데 성공했다. 만일 이 무인 지대에서 차를 움직일 수 없었다면 만사는 끝장이 나고 말았으리라.

다부순 호는 일명 '차얼한察爾汗 대염호'라고도 하는데 거얼무 시格爾木市 북동방 약 90km에 입지한 대염호와 염탄鹽灘을 가리킨다. 면적은 염탄을 합하여 5,856km^{2}이고 염호의 넓이만도 1,550km^{2}에 이른다. 따라서 다부순 염호는 그 크기가 칭하이 성 최대이다. 염호의 평균 심도는 8m이고 호심부는 15m, 최심부는 50m이다.

염정은 보탑 모양, 눈꽃 모양 등의 다양한 모양새와 백·홍·남·흑의 각종 색

● 다부순 염호를 찾아 방황하던 소형차는 염탄의 수렁에 빠져 다른 염각을 떠서 차바퀴 밑을 고이고 간신히 탈출한다.

Part 6 백설에 뒤덮인 알타이 203

깔로 인해 진주염眞珠鹽, 종유염鐘乳鹽, 수정염水晶鹽, 마고염麻菰鹽 등 여러 가지 이름으로 구분하여 불려지고 있다.

무진장한 염 자원과 300km의 소금도로

염각 평야鹽殼平野는 지반이 견고하며 장애물이 없어 천연의 활주로로 활용되기도 하는데, 미국의 서부에 있는 에드워드 공군 기지의 활주로 역시 모하비 사막의 염각 평야(플라야)에 개설되어 전적으로 우주선의 착륙에만 사용하고 있다. 지형학 시간의 모식도만을 머리에 그리고 있는 우리는 발손bolson, 플라야playa, 염각鹽殼(salt crust)이 이처럼 끝없는 대평원일 줄은 꿈에도 생각하지 못하였다. 그런데 중국인들은 이 무진장의 염 자원으로 거얼무-다차이단大柴旦 사이의 공로를 포장하였다. 세상에 이런 기상 천외한 소금 포장 도로도 있다는 사실을 아는 사람이 얼마나 될까?

○ 300km의 염도 노면은 마치 잘 얼어붙은 호면의 빙판처럼 떠오르는 태양빛을 반사한다.

○ 끝없는 염탄(鹽灘)은 황사 현상으로 날아 온 황토 먼지를 뒤집어 써 표면이 황토빛으로 변해 있으나, 염각을 뒤집으면 하얀 색의 염정을 볼 수 있다.

이 곳 사람들은 이 소금 포장 도로를 '염도 300km' 라 부른다. 염도의 검은 노면은 거울처럼 반사되며 매끄럽다. 차이다무 분지는 연평균 강수량 30mm 내외의 절대 사막이므로 염도 300km는 잘 유지된다. 도로 관리상 최대의 적은 몇 해마다 한 번씩 내리는 소나기인데 이 때 녹아서 유실된 노면은 다시 소금으로 복구한다.

차이다무 분지柴達木盆地는 신생대 제3기 중신세에 있었던 히말라야 조산 운동의 영향으로 바다가 융기하여 생성되었다. 면적은 무려 22만 km²에 이르러 우리 나라 전체의 국토 면적과 비슷하며 대소 100여 개의 염호가 산재되어 있다. 몽골 어의 차이다무란 어휘는 바로 염호가 많다는 뜻이다. 어느 짓궂은 중국의 과학자가 차이다무 분지 내에 있는 호염의 총 매장량을 계산한 바에 의하면, 그 양이 무려 600억 톤에 이른다고 한다. 이는 13억 중국인에게 1인당 46톤씩 분배가 가능하며 전 세계 인류가 거의 2,000년간 먹을 수 있는 양이라고 한다.

칭하이 성은 무진장에 가까운 이 호염을 원료로 염화학 공업을 발달시켰다. 염

화학 공업이란 호염 속에 나트륨, 칼륨, 붕소, 리듐, 브륨 등의 화학 성분을 이용한 공업을 말한다.

사막을 옥토로 바꾸는 거대한 자연 개조 사업

플라야(염성 평야) 주변의 고염성 사막은 중국 정부의 농경지 개발 계획에 따라 격자상의 초지로 변화되어 가고 있다. 그들은 쿤룬 산맥昆崙山脈 주변의 설선(snow line)에서 녹아 흘러내리는 융설수 거얼무 강格爾木河을 이용하여 수많은 탈염 수로를 만들어 경지화에 박차를 가하고 있었다.

중국은 농업 기반이 튼튼하여 어느 지역을 가나 밥과 고기와 채소, 과일이 풍부하며 배불리 먹고 열심히 일한다. 또 어디에서나 등만 붙이면 열심히 잠을 자는 느긋한 중국인의 품성도 볼 수 있다. 그 무서운 인민 재판으로 일천만 명에 가까

○ 끝없는 염각 평야(鹽殼平野)를 탈염하여 식량 기지로 만들겠다는 야심찬 중국 정부의 자연 개조 사업 현장.

◎ 나츠타이(納赤台) 하안 단구의 정교한 모습과 배후의 암석 사막 및 전면에 얼어붙은 거얼무 강(格爾木河).

운 사람들이 타살되고 홍위병 난동이 대륙을 휩쓸고 지나가던 몸서리치는 기간, 이러한 역사의 흐름에 순응하며 원망도 자학도 서두름도 없이 감내하고 극복한 중국인 특유의 만만디 기질에 감탄하지 않을 수 없다.

앞으로의 중국의 변화가 이러한 행복과 여유에 어떤 힘을 실어 줄 것인가? 기원 전 2세기에 양쯔 강의 지류인 민장 강岷江에 대나무광주리 공법(竹籠工法)으로 댐을 만들어 쓰촨 성의 옥야 천리를 수리 안전답으로 만들고, 만리장성을 축조한 중국인들의 의지는 현재 차이다무 사막의 식량 생산 기지화란 대역사大役事에도 이어지고 있었다.

암석 사막 산록에 발달한 선상 평원과 나츠타이 하안 단구

거얼무 강格爾木河은 나츠타이納赤台에서 쿤룬 강昆崙河으로 그 이름이 바뀌어지는데 나츠타이를 지나면 수얼간 강舒爾干河과 합류하여 유세는 배로 증가한다.

Part 6 백설에 뒤덮인 알타이 207

◐ 쿤룬 산맥 북쪽 사면에 발달한 곡빙하(谷氷河)와 즐상 산능(櫛狀山稜 : combridge) 및 빙력토 평원(氷礫土平原 : till plain).

◐ 쿤룬 산맥의 가장 낮은 안부(鞍部)를 넘어 티베트 고원으로 진입하는 칭짱 공로(靑藏公路) 개발 현장의 기념비. 이 곳의 표고는 4,767m이다.

제법 많은 빙하성 쇄설물을 운반하여 수얼간 강안에 퇴적하여 대칭 또는 비대칭의 모식적인 하안 단구 지형들을 만들었는데 강안은 보통 5m 내외의 수직벽을 이루고 있었다.

한편 튀라하이託拉海 산지 사면에서는 황량한 암석 사막의 풍화 생성 물질들이 사면을 흘러내려 곡구에 선상지扇狀地를 만들고 이들 선상지가 연합하여 선상 평야(fan plain)를 만들었는데 하안 단구면과 비교되어 매우 흥미롭다.

거얼무를 출발하여 나츠타이에 이르는 칭짱 공로靑臟公路는 비교적 굴곡이 심하다. 나츠타이를 지나면서부터는 빙하성 수류의 운반 물질인 선상지들이 나타난다. 이들 빙하 말단부의 융빙성融氷性 하류 퇴적물로 이루어진 선상 평야는 Outwash plain이라고 부르는데 그 신장 속도가 매우 커서 도로를 덮치기 때문에 이를 차단하는 견고한 방니옹벽防泥擁壁이 설치되어 있다.

여기서부터 옹벽을 따라가는 비교적 단조로운 길이 쿤룬산커우崑崙山口까지 이어진다. 쿤룬산커우는 바로 티베트 고원으로 들어가는 관문이다. 칭하이 성 여유국旅遊局이 1986년에 발행한 지도상에는 이 곳의 표고가 자그마치 6,178m로 기록되어 있으나, 티베트 고원으로의 진입을 기념하는 쿤룬산커우 기념비상에는 4,767m로 음각되어 있어 여행자로 하여금 어리둥절하게 한다. 쿤룬산커우 기념비에 새겨진 표고가 정확한 것으로 보아야 할 것 같다. 이 곳은 북위35°6′과 동경 93°8′의 교선상에 위치해 있다.

빙하 지형의 발달이 이룩한 사막의 낙원

오늘날 지구상에 발달한 빙하는 그 대부분이 남극 대륙과 그린란드에 있고 기타는 고위도 지방과 중·저위도에 걸친 고산 지대에 분포되어 있다. 세계의 지붕으로 불리는 티베트 고원 주변의 빙하 지형 대부분도 쿤룬 산맥과 탕구라 산맥 및 히말라야 산맥을 주축으로 하는 티베트 고원 산지에 분포되어 있는데 여객기를 타고 보면 그 실체를 확인할 수 있다.

● 오아시스 농업으로 생산된 당도 높은 고품위의 청포도와 사과, 배, 메론, 하미과(哈密瓜), 수박 등은 세계적으로 널리 알려져 있다.

빙하는 학술적인 측면을 제외하더라도 우리들에게 중요한 관심사이다. 오늘날 지구상에는 육지 표면적의 대략 10%가 빙하로 덮여 있다고 한다. 빙하는 21세기에 닥쳐올 인류의 물 부족을 걱정하여 하늘이 예비한 천연의 오염되지 않은 고체수고固體水庫, 즉 천연의 저수지인 것이다.

우리 인류가 살고 있는 지구상에는 적도를 중심으로 열대 기후 지역이 있다. 인도네시아의 칼리만탄이나 브라질 아마존 강 유역의 셀바스, 아프리카의 콩고 분지와 같은 열대 밀림이 있다. 이들 지역에는 매일같이 스콜(Squall)이란 이름의 소나기가 내려 밀림과 늪지대가 뒤엉켜 있다.

한편 남·북위 30° 부근에는 중위도 고기압대라는 것이 존재하여 연중 건조한 사막이 나타난다. 이러한 사막 외에도 한류가 흐르는 대륙의 연안이나 계절풍대의 풍하측에도 사막이 형성된다. 한류성 사막으로는 아프리카 남서부 대서양 연안의 칼라하리 사막, 북미 대륙 중서부 태평양 연안의 모하비 사막, 칠레 중부의 아타카마 사막 등이 있다. 풍하측 사막으로는 세계 최대의 내륙 사막인 타클라마칸 사막이 있으며, 이들 풍하측 사막의 변두리에 발달한 고산 지대에는 어김없이 빙하가 나타난다.

그리고 이들 풍하측 사막 주변 빙하 지역의 설선에서 연중 끊임없이 흘러내리는 융빙수는 빙하 주변 산록에 울창한 산림대를 이루어 임업을 발달시키고, 아래쪽에는 초지를 형성하여 유목성 목축업을 가능하게 한다. 또한 관개 수리 시설에 의한 오아시스 농업을 가능케 함으로써 비록 연중 비가 오지 않는 극한 절대 사막에서도 풍부한 농목업 산물이 생산되어 주민의 생활을 윤택하게 만든다.

예를 들어 사막에서 포도나 참외와 수박 같은 작물이 재배되는데, 그 당도가 매우 높아 다른 지역과는 비교가 되지 않을 만큼 뛰어나다. 또 이 곳에서 생산된 면화도 그 품질이 매우 우수하다.

쿤룬 산맥의 북쪽 사면이나 톈산 산맥의 양쪽 사면에는 빙하가 녹아 흘러내리는 물(융빙수)로 이루어진 수없이 많은 하천 오아시스와 이를 이용한 카나트가 건설되어 있는데 이들 물 자원을 바탕으로 생산된 농축산물들은 풍요로움의 극치를 만들어 내고 있다.

02 [리포트] 지형학 사전에도 없는 사포 사막

수없이 많은 모래무덤

나는 학창 시절부터 지형학에 대해 특별한 흥미와 애정을 가지고 있었기 때문에 문헌을 탐색하며 현지 답사를 통하여 공부하고 연구해 왔다. 대학에서 70세가 넘은 고령에도 불구하고 지형학을 강의하였으며, 야외 조사를 즐겼다. 특히 기회 있을 때마다 동·서의 사막 지형과 빙하 지형 및 화산 지형을 찾아 모험적인 탐구 여행을 계속하여 왔다. 그 중에서도 가장 가슴 뿌듯함을 느끼며 흥미진진하게 여행을 즐긴 곳이 중국의 차이다무 사막柴達木沙漠이다.

차이다무 사막은 칭하이 성青海省의 북부에 있는 차이다무 분지의 서반부를 차지하는 중국 굴지의 내륙 사막 중 하나이다. 남쪽으로는 거얼무 시格爾木市, 북쪽은 시량쯔西梁子의 쑤간 호蘇干湖(쑤하이 호), 동쪽은 두란都蘭, 서쪽은 망야(망나이)茫崖 등의 범위 안에 있다. 대염호와 플라야 평원, 끝없는 모래 사막과 암석 사막, 그리고 거비탄(gobi)戈壁灘으로 불리는 자갈 사막을 비롯해 도상 구릉島狀丘陵(inselberg)을 관찰하며 북진하였다.

○ 차이다무(柴達木) 사막에 발달한 암석 사막과 세류구(細流溝) 침식 지형 및 선상 평원.

○ 차이다무 사막의 도상 구릉(inselberg)과 바람골에 생성된 자갈 사막(reg).

Part 6 백설에 뒤덮인 알타이

◐ 초생적 사포(沙包)의 형태이며 점차적으로 사포의 크기와 밀도를 더해 간다.

아얼진(알툰)阿爾金 산맥의 당진산커우當金山口를 넘어 둔황敦煌을 거쳐 란신蘭新 선 철도를 이용하기 위해 류위안柳園으로 가는 도중 만난 반사막에서 처음으로 사포 사막沙包沙漠을 발견하였다. 이후 톈산 산맥의 남쪽 기슭을 따라 쿠처庫車에서 아커쑤阿克蘇로 이동하는 과정에서 수없이 많은 모래무덤으로 된 사포 사막을 발견하였다.

이 지역은 원래 강수량이 부족한 절대 사막이다. 비록 톈산 산맥 남록은 하얼커(하리크)哈爾克 산의 한텅거리汗騰格里 산(6,995m)과 톄얼스커(타리스카이)貼爾斯克 산(5,068m) 등 설산에서 사철 흘러내리는 융빙수로 하천 오아시스를 이루지만, 기타 지역은 반사막을 이루는 상황이다. 이들 반사막 지역에서는 챠칸다紅柳라는 식물의 뿌리 부근에서 표사 현상漂沙現象의 장애가 일어나 모래가 퇴적되는데 챠칸다의 성장과 더불어 '사포(사바오)沙包', 즉 웨이우얼 어의 콤뒤꿰세가 성장하여 사포 사막을 형성하게 된다.

평탄한 사막 평원상에 만들어진 무수한 사포의 무리는 마치 흙무덤으로 된 평야 지대의 대규모 공동 묘지를 연상시키는데, 마치 주빙하 지형에서 쉽게 볼 수 있는 구조토나 핑고pingo와 유사하다.

우리는 타클라마칸 사막의 북쪽 가장자리이며 톈산 산맥의 남쪽 기슭에 개설된 톈산남로를 따라 이동하던 도중 바이청拜城 현과 아커쑤阿克蘇 지구 및 커핑(칼핀)柯坪 현 일대에서 광대한 사포 사막을 발견하였다. 3일간의 장거리 버스 여행 동안 옆자리에 앉은 카스喀什 지구 임목종묘장에 근무한다는 웨이우얼족維吾爾族 해릴애비불라海力利艾比布拉로부터 많은 유익한 정보를 얻었다.

○ 사포의 개체, 풀뿌리를 중심으로 머저리바람에 의한 표사 현상에 장애가 생겨 모래무덤이 만들어진다.

아래 그림을 보면서 사포의 생성 원리에 대하여 살펴보도록 하자.

a) 사막의 지표면에 챠칸다(홍유紅柳)의 씨앗이 떨어지면 적당한 시기에 발아하고 생장하게 된다. 이미 발달된 다양한 크기의 사포에 의해 풍향에 장애를 받은 표사 현상은 홍유의 밑둥을 감싸며 미약한 모래무덤을 만든다.

b) 모래무덤이 크기를 더하여 감에 따라 홍유는 성장을 가속화하며 홍유 뿌리에

○ 사포의 생성 과정

홍유는 1년생 초본식물로 해마다 새로운 홍유가 되풀이하여 번식하면서 모래무덤은 크기를 더해 간다.

   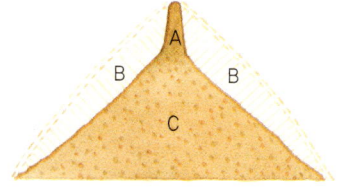

a) 홍유의 밑둥을 중심으로 일정한 방향성 없는 바람, 즉 머저리바람에 의해 미약한 모래무덤의 초생적 형태를 갖춘다.

b) 해를 거듭하며 홍유가 새로 나고 죽는 동안 모래무덤은 성장하여, 중심부에는 유기질이 축적되어 토양화 현상이 나타난다.

c) 사질 평야의 수많은 모래무덤 그 자체가 바람의 장애 요인이 되어 방향성 없는 머저리바람이 되어 사포 사막의 형태를 갖추며 그 범위를 확대해 나간다.

d) 216쪽 하단 사진과 같이 공동 묘지의 수많은 무덤처럼 크고 작은 모래무덤으로 된 광대한 사포 사막으로 변해 간다.

e) 토양화가 이루어진 점성이 강한 A부분은 개석에 저항하여 탑상으로 남고, B부분은 개석되어 없어지고, C부분은 그대로 남아 있다. 이와 같은 현상은 간혹 볼 수 있다.

○ 사포는 야생 동물의 보금자리가 되기도 한다.

서 분비되는 유기산은 모래에 작용하여 용식 현상을 일으킨다. 사멸된 홍유의 뿌리와 더불어 미약한 토양화 작용이 진행되며 결과적으로 모래무덤과 홍유의 성장을 촉진하여 애기무덤 같은 형태로 진화한다.

c) 평야에 밀식된 공동 묘지와 같은 크고 작은 모래무덤들이 무수히 발달하는데 이들 모래무덤에 의해 일정한 방향성을 상실한 바람은 머저리바람이 되어 모래무덤을 더욱 확대 발육시킨다.

d) 일단의 사포 사막이 완성된 단계인데 그 규모는 천차만별이다. 0.5m의 지름

○ 공동 묘지 같은 반사막의 모래무덤과 그 위에 자생하는 홍유(차칸다)들.

과 높이를 가진 소형 사포, 반지름 2m에 높이 2m 내외의 중형 사포, 반지름 5m에 5m의 높이를 가진 대형 사포의 순서로 점차 확대되어 나아간다.

e) 이들 중 대형 사포는 개석되는데 그 중심부는 전술한 바와 같은 미약한 토양화 작용이 진행되어 점성이 생김으로 개석에 저항하여 통상 탑상으로 잔존하는 현상을 관찰하였다.

호화 찬란한 황교 사원 타얼쓰(塔爾寺)

이 사찰은 칭하이 성 황중 현湟中縣 루사얼전魯沙爾鎭 남서 모퉁이에 자리잡고 있다. 타얼쓰塔爾寺란 뜻은 티베트 어의 옌번셴바린兗本賢巴林으로 '십만의 사자가 울부짖는 불상의 미륵사十万獅子吼佛像的彌勒寺'란 뜻이 된다.

원래 타얼쓰는 불교와 샤머니즘이 결합된 라마 교의 한 종파로 보통 산구이파이善規派 또는 거루파이格魯派라 부르는데 속된 말로 황교黃敎이다. 타얼쓰는 황교

● 타얼쓰 경내에서 라마 승려들과 담소하며 우의를 다지는 필자와 몽고인 친구 도고르니마(都古爾泥麻).

○ 칭하이 성 황중 현 루사얼전(魯沙爾鎭)에 자리 잡은 황교 사원 타얼쓰(塔爾寺)의 입구 광장에 세워진 여래팔탑(如來八塔). 1776년 석가모니 일생의 8대 공덕을 기리기 위하여 세운 것이다.

의 6대 사원에 속하는데 나머지 5대 사원은 티베트의 수도인 라싸拉薩에 있는 간단쓰甘丹寺, 쩌방쓰哲蚌寺, 써라쓰色拉寺 및 르카쩌日喀則의 자스룬부쓰札什倫布寺와 간쑤 성甘肅省 샤하夏河의 라부렁쓰拉卜楞寺 등이다.

특히 타얼쓰는 황교의 창시자 종카바宗喀巴(1357~1419) 대사의 탄생지로 라마교의 성지이며, 달라이 라마 14세도 이 곳에서 수업한 바 있어 더욱 유명하다.

타얼쓰 경내에는 이미 그 화려함으로 세계에 알려진 다진와쓰大金瓦寺 미륵전, 석가전, 금강전, 대경당, 문수보살전, 밀종경원, 의명경원, 시론경원, 소금와전, 시론탑, 기수전, 대주방, 여래팔탑, 과문탑, 대납양 별칭 길상궁, 인경원 등이 수이징탄水井灘을 끼고 멋지게 도열하여 있다.

이 중에서도 입장권 없이 관람할 수 있는 경외에 여래팔탑이 있는데 매표소 앞에서 일렬 횡대 아름다운 자태로 정열해 있는 것을 볼 수 있다. 이 여래보탑은 석가모니 일생의 8대 공덕을 찬양하는 증표로 1776년 건립되었으며 각각 연취탑蓮聚塔, 보리탑菩提塔, 사체탑四諦塔, 신변탑神變塔, 강범탑降凡塔, 식쟁탑息諍塔, 승리탑勝利塔, 열반탑涅槃塔 등으로 이름붙여져 있다. 팔탑의 밑둥 둘레는 각기 9.4m이고 높이는 6.4m, 기저 부의 면적은 5.7m²이다.

전국 각지에서 순례자들이 모여들어 항시 인산인해를 이루는데 사찰 밑에는 관광 촌락이 형성되어 있어 순례자와 관광객들의 모든 편의를 제공하고 있다.

03 백설에 뒤덮인 알타이 시

설원의 알타이 지구

중국은 3° 52′ 00″~53° 31′ 10″ N, 73° 40′ 00″~135° 2′ 30″ E에 걸쳐 있는 대륙적인 나라여서 동서간에 4시간의 시차를 두어야 정상적인 사회 생활이 가능하다. 그러나 중국은 단일 시차를 적용하고 있기 때문에 정월 초하루 미명에 도착한 우루무치烏魯木齊의 아침 8시는 한밤중과 같이 느껴졌다. 서둘러 역사를 나와 택시를 타고 "워요취 와이빈판뎬我要去外賓飯店" 하였더니 약 30분 후 호텔에 도착되었다.

베이징의 톈안문 광장 부근의 베이징판뎬北京飯店에 견줄 만한 거창한 쿤룬 빈관昆崙賓館으로 안내되었다. 일금 76위안(15달러)을 주고 553호실로 입실하여 여장을 풀고 약간의 휴식을 취하였다. 호텔 식당의 아침 식사 시간을 알아보았더니 10시 정각부터 1시간 동안이라고 알려 준다. 하기야 일출 시간이 아침 9시 20분이니(중국은 동쪽 끝에서 서쪽 끝까지 하나의 시간대임) 아침 10시도 우리의 개념으로는 이른 아침이 아닐 수 없다.

오후가 되어 커라마이克拉瑪依 동로 3호에 자리잡은 신장바오디 빈관新疆寶地賓館의 동서지질진열관을 관람하였다. 신장웨이우얼新疆維吾爾 지역의 화산 활동사를 비롯해 각기 다른 지질 시대의 지층에서 생산된 광물 자원과 화석들을 탐색하고 필요한 자료들을 있는 대로 구입하였다.

이후 쥐라기의 자색 사암(red sandstone)으로 구성된 홍산紅山에 올라 화석 채집을 시도하였으나 여의치 않아 포기하고, 귀로에 중국민항 우루무치 지사에 들렀다. 그런데 호기심이 발동하여 중가리아 분지准葛爾盆地의 구얼반퉁구터古爾班通古特 사막과 어얼치스額爾齊斯 강 상공을 날아 알타이 산맥의 도시 알타이 시阿勒泰市로 가기로 하였다.

중가리아 분지는 온통 백설에 뒤덮여 모든 교통 수단이 완전 두절되었으므로 유일한 통로는 항공 교통뿐이었다. 우루무치 공항에서 탑승 수속을 마치고 14시 20분 소형 비행기에 탑승하였다. 항공기는 백설에 뒤덮힌 중가리아 사막을 저

○ 1월 1일 도착하여 1월 16일 청두로 갈 때까지 중가리아 분지, 알타이 시, 타림 분지, 투루판 분지, 톈산 산맥, 쿤룬 산맥, 알타이 산맥 등의 탐구 여행 기지로 활용된 서역의 웅도 우루무치(烏魯木齊).

Part 6 백설에 뒤덮인 알타이 221

○ 중세와 현세가 공존하듯 노새 타고 나들이에 나선 젊은 부부와 빙판 위를 거리낌 없이 달리는 시내 버스는 알타이 시 도심의 한가로운 한낮 풍경이다.

공 비행하며 유전 개발을 비롯한 인간의 경제 활동상과 사막 지형을 관찰하는 즐거움을 주었다. 16시 정각이 되어 항공기는 큰 굉음을 내며 기우뚱거리며 설원에 착륙했다.

기내에서 만난 알타이 지구 재정처에 근무한다는 카자크족 출신의 공무원 하이라티海拉提와 한족 샤 리신夏立新의 도움으로 2박 3일간 맛있는 알타이 지역의 토산 음식을 맛보았다. 뿐만 아니라 중앙 아시아풍의 무도회를 비롯하여 심지어 그들의 재정처 사무실까지 방문하는 행운을 얻었다. 귀국 후 이들과 우정의 교제를 시도하였으나 아쉽게도 연락이 두절되고 말았다.

카자흐哈薩克 자치주의 알타이阿勒泰 지구는 44°59′35″~49°10′45″N, 85°31′00″~91°00′15″E 사이의 고위도 지방에 위치하며 북쪽의 험준한 알타이 산계를 경계로 카자흐스탄, 러시아, 몽골 공화국 등과 마주하고 있다. 주민들은 카자흐족과 한족이 주축을 이루며 여기에 회족回族이 약간 섞여 3대 민족을 이루고 있다. 이들의 민족별 구성비는 4 : 4 : 1이며 기타 소수 민족들이 1의 비율로 나

○ 중앙 아시아와 인접한 알타이 시 중심가를 썰매를 타고 여유 있게 콧노래까지 부르며 지나가는 몽고족 아저씨는 근심 걱정이 전혀 없는 듯 그저 행복하게만 보였다.

○ 백설에 뒤덮힌 광야의 눈속에서 먹이를 찾아 나섰다가 축사로 돌아오는 양떼와 목동.

Part 6 백설에 뒤덮인 알타이

○ 백설에 뒤덮힌 알타이 시의 하천에 부설된 출렁다리를 건너고 있는 어린이들에게 길을 물어보고 있는 필자.

타나고 있다.

세 나라(중국, 러시아, 몽골)의 경계에 발달한 유이봉友誼峰(4,374m)을 정점으로 하는 알타이 산지에는 각종 빙하 지형이 잘 발달되어 있다. 빙관 빙하와 곡빙하가 발달해 있는 이들 산지에는 사시사철 빙하의 융빙수가 흘러내리기 때문에 산록에는 침엽수림대와 백화림대白樺林帶(자작나무 수림대)가 발달하여 목재를 공급하기도 한다. 뿐만 아니라 삼림대 아래에는 넓은 초지를 이루어 중국 굴지의 목축업 지대를 형성하고 있다. 이 곳에서 유르트yurt란 이름의 몽고바오蒙古包에 의한 전통적인 유목이 이루어진다.

또 이 지역에는 빙식호와 규모가 큰 구조호 등이 발달하고 있어 내수면 양식 수산업이 발달했을 뿐만 아니라 광활한 들판에서는 소위 맥해麥海라고 불리는 밀 농업 지대가 전개된다. 실로 축복받은 땅이 아닐 수 없다. 가축으로는 소, 말, 낙타, 양, 나귀 등이 주축을 이루며 여기에 관련된 공업으로서 모직 공업과 피혁 공업이 발달하였다.

○ 알타이 시의 거리 풍경. 자전거 타고 나귀 타고 걸어가는 틈새에서 아라사족 소년이 촬영자를 바라보고 있다.

Part 6 백설에 뒤덮인 알타이

주곡인 밀과 호소에서 양식된 수산물에 광활한 목장까지 곁들여 있으니 어맥지향魚麥之鄕에 풍성한 육류가 겸비된 셈이다. 가히 중국 속의 가나안 땅이라고 하지 않을 수 없겠다. 거리의 곳곳에서 쇠고기며 돼지고기, 양고기를 팔고 있는데 양이나 돼지 한 마리의 값이 보통 100~150위안(20~30달러)에 불과했다.

한편 거리에는 자동차와 마차, 썰매, 우마차가 뒤섞여 지나고 심지어는 나귀, 말, 낙타를 타고 나들이하는 사람들 틈에 주인 없는 소와 나귀까지 거리를 활보하는 진풍경이 벌어지고 있었다.

거리의 피복 수선점이며 공장의 벽보판에는 재미있는 만화로 종업원들의 희망 및 건의 사항들을 표시하고 있어 부드러운 노사 관계의 측면을 엿볼 수 있었다. 거리에서 만난 개구쟁이들은 기이한 옷차림의 방문객 뒤를 신나게 열을 지어 따라 다녔다. 경사진 노면에 쌓이고 쌓인 눈은 겨우내 빙판을 이루어 개구쟁이들이 얼음지치기를 할 만한 좋은 장소가 되고 있었다.

알타이의 자연 환경

알타이 지구는 구조적인 운동이 활발하여 지진 활동이 매우 빈번한 곳이다. 1931년 8월에는 진도 8을 기록한 대지진으로 알타이 산지에 176km에 달하는 단열대斷裂帶가 형성되었다.

이 같은 지반 운동의 결과로 푸하이 현福海縣 북쪽의 알타이 산지 중북부인 해발 1,400m 부근에 기암 괴석과 단애 절벽이 즐비하며 8기의 천안泉眼(샘구멍)이 나타났다. 이름하여 분천噴泉, 열천熱泉, 냉천冷泉, 혈천血泉, 유천乳泉, 사천蛇泉, 안정천眼睛泉과 심천心泉 등이다.

또 알타이 시 중심부에서 서북방으로 약 5km 거리에 데본기의 석회암이 발달해 있는데 산호초, 완족류, 해백합 등의 화석이 풍부하게 산출되고 있다.

이 지역의 기후는 최한월인 1월 평균 기온이 -16℃, 극한 최저 기온이 -51.5℃, 최난월인 7월 평균 기온이 22℃, 극한 최고 기온이 40.6℃이며, 연평균 강수량은 181mm로 지역에 따라 현저한 차이를 나타내고 있다.

지역의 종합적인 사정을 알기 위해 알타이 중학교의 지리 교사 친 메이룽秦美榮 씨를 찾아갔다. 하지만 얻은 것은 아무것도 없고 다만 "전배前輩, 미안해요. 다음 기회에 다시 방문하시면 많이 공부하고 연구해 두었다가 부족함 없이 안내해 드릴께요."라는 말만 듣고 와야 했다.

○ 알타이 중학교를 방문하여 교장 선생님(가운데)과 지리 담당 교사(왼쪽)를 만나 지역의 지리 정보를 얻으려고 하였으나 소득은 없었다.

알타이 산맥

알타이 산阿勒泰山(4,374m), 일명 유이봉友誼峰을 주봉으로 한 알타이 산맥은 800km의 연장을 가진 산맥으로 북서-남동의 주향이며 그 서쪽은 카자흐스탄, 러시아, 몽골 공화국과 접하고 있다.

알타이란 원래 몽고어의 금산金山이란 뜻으로 산계에는 금, 은, 동을 비롯하여 각종 지하 자원이 풍부하게 매장되어 있는 것으로 알려져 있다. 산맥의 북서쪽이 넓으며 평균 폭은 150km이고 남동쪽은 80km이다. 전체적으로 보아 고위도 지방에 입지함으로써 고도 2,500m 이상에서는 만년설을 이고 있는 영구 빙설 지형이 나타난다.

전형적인 목축업은 고도 700~1,400m 사이에서 유목 형태로 나타나지만, 여름철에는 고도 1,400~3,200m 사이를 수직적으로 오르내리는 이목이 행해진다. 중국의 주요 목축업 지대가 이 곳에 분포하고 있다.

지역의 지질은 고생대 전기에 해당하는 오르도비스계의 탄산염암과 고생대 중기인 실루리아계의 탄산염암 및 시대 미상의 용암과 저지대에는 홍적층과 충적층이 발달되어 있다.

○ 영하 30도의 강추위에도 하상 구배가 커서 얼지 않는 알타이 강(阿勒泰河)과 백설로 뒤덮인 알타이 산지.

어얼치쓰 강(額爾齊斯河)

이 강은 중국에서 유일하게 북극해로 유입되는 하천이다. 알타이 산맥 쟈러거쯔 가加勒格孜嘎 산지의 해발 2,500m 부근 융빙수로부터 발원하여 카얼터 강喀爾特河, 카라어얼치쓰 강喀拉額爾齊斯河, 커루무터 강柯魯木特河, 쿠어얼치쓰 강庫額爾齊斯河, 커란 강克蘭河, 부얼진 강布爾津河, 하바 강哈巴河, 베레쯔 강別列孜河 등의 주요 지류와 합해져 북극해로 유입된다.

어얼치쓰 강의 총 연장은 2,969km이며 그 가운데 중국 지역을 흐르는 길이는 546km이다. 또 총 107,000km²의 유역 면적 가운데 중국 내의 유역 면적은 50,860km²이다.

어얼치쓰 강은 일단 카자흐스탄 동부의 자이산 호Ozero Zaysan로 유입된다. 또 자이산 호수를 거쳐 이르티슈Irtysh 하천을 지나 오브Ob 강에 합류되며 오브스카야 만Obskaya Guba에 유입된다. 그리고 마침내 까라 해Karaskoe More로 유입되는 세계적 대하천이다.

부룬퉈하이 호(布倫托海湖)

일명 우룬구 호烏倫古湖라고도 불리는데 이는 웨이우얼 어의 '작은 나뭇가지' 란 뜻으로, 하천이 수지상 하계樹枝狀河系를 이루어 우룬구 호로 유입되고 있는 것과 관계가 있다. '중국명호지전中國名湖志典'이란 책에도 호의 이름은 우룬구 강烏倫古河에서 유래한다고 기록되어 있다.

호의 넓이는 1,000km²이나, 연 강수량이 150mm에 불과한 건조 지역이어서 해마다 호면이 줄어드는 추세이다. 따라서 호수의 면적을 기록한다는 것은 부적절한 일로, 이를 테면 '알타이 지구 개황阿勒泰地區槪況'이란 책자에서는 아예 호수의 면적을 거론하지 않고 있다. 호면의 높이는 해발 486m이고 평균 수심은 7.3m, 저수량은 130억 톤으로 중국의 10대 호박湖泊(호소)에 속하며 성인상으로는 단층호이다. 호수는 약간의 염분을 함유하고 있으나 해를 거듭하며 그 농도를 더해 가고 있다.

이 밖에도 부얼진 현布爾津縣 북부의 허무카나스禾木喀納斯 몽고족향에 카나스 호喀納斯湖가 있는데 호의 면적은 37.7km², 수심 188.5m로 중국의 내륙호 중 최심호로 기록되고 있다. 최근에는 관개 수리와 수력 발전 및 내수 자원 조성으로 여러 가지 공해 문제가 대두되고 있는 실정이다.

04 버스로 횡단한 톈산 산맥

처참한 몰골의 장거리 버스

우루무치 치처잔汽車站(버스터미널)에서 카스喀什로 가는 버스를 타기 위해 1월 6일 06시에 서둘러 쿤룬 빈관崑崙賓館을 떠났다. 2박 3일간 1,500km를 달릴 버스 표를 207위안(40달러)에 구입하고 08시 30분에 승차하였다.

그런데 사람들이 우리 부자를 바라보며 운이 좋아 호화 버스를 탔다고 반겼다. 우리는 왜 그러는지 몰라 어리둥절한 표정을 지었다. 나중에 알고 보니 이 차는 폐차 직전의 낡디 낡은 고속 버스 퇴물로, '호화 버스'란 박물관에나 있음직한 이 버스를 빗대어 한 말이었다. 좌석은 원형을 찾아보기 어려울 정도로 용수철이 찌그러져 기능을 상실하였거나 아예 밖으로 튀어나와 있었다.

톈산 산맥天山山脈을 북쪽에서 남쪽으로 가로지르는 데 오전 11시부터 무려 5~6시간이 흘렀다. 산지 사면의 풍화 생성 물질들이 흘러내려 만들어 놓은 빙식곡처럼 생긴 요형凹形 노면을 달리는데 그 호화 버스의 창문 틈새로 먼지가 들어와 머리칼 하나 하나가 황토색으로 변하였다. 어디 그뿐이랴. 우리의 모습은 마치

○ 톈산 산맥을 횡단하는 공로(公路)는 산사면의 이동 물질로 노면을 잠식당하고 있다. 수로원(修路員)들은 이것을 제거하는 데 총력을 기울인다.

고산 지대에서 대기 중 수증기가 나뭇가지에 붙어 설화를 만든 것처럼, 눈썹까지도 황토 먼지를 뒤집어쓰면서 점차 웨이우얼 노인의 몰골로 바뀌었다.

밤 10시경 '호화 버스'는 쿠얼라 시에 도착하여 첫 밤을 지냈는데 숙박비는 1인당 4위안(0.8달러). 우리 부자는 중화인민해방군 전사 4명과 같은 방에 배정되었다. 함께 사진 촬영을 하며 우의를 다지고 화기 애애한 하룻밤을 보냈다.

쿠얼라 시庫爾勒市는 신장웨이우얼 자치구 중부에 자리잡은 바인궈렁巴音郭楞 몽고족자치주의 주도로서 북쪽에는 허징 현和靜縣, 동북쪽에는 옌치焉耆 회족자치현, 남동쪽에는 웨이리 현尉犁縣, 서쪽에는 룬타이 현輪台縣이 있다.

시 중심부의 수리적 위치는 북위 41° 42′ 동경 86° 6′ 의 교선이다. 시는 오가도 반사처五街道班事處가 관할하며 면적은 총 7,450km²이다. 이 중 도시 지역의 면적

○ 중화인민해방군 전사들과 합숙하며 친선을 다지는 장거리 버스 승객의 구성원들.

Part 6 백설에 뒤덮인 알타이 231

이 34km²이고 인구는 총 24만여 명이다.

주민은 몽고족, 한족, 웨이우얼족, 회족, 카자흐족 등 22개 민족으로 구성되어 있다. 이 지역에는 대략 4,500년 전부터 인간의 활동이 있어 왔으며 기원전 1세기경 한나라 때 이미 주병둔전駐兵屯田을 실시한 기록이 있다. 중화민국 6년인 1917년에 현을 설치하였고, 1979년 시로 승격되어 오늘에 이르고 있다.

1월 평균 기온은 -8.5℃, 7월 평균 기온은 26.1℃, 연평균 강수량은 52mm로 절대 사막 지대이나 톈산 산맥에서 흘러내리는 융빙수를 이용한 카나트의 개발로 순조로운 영농 활동이 이루어지고 있다. 밀, 옥수수, 면화를 비롯하여 각종 과일과 채소가 풍성하게 생산되며 이 중에서도 수박과 배가 특히 유명하다.

아커쑤(阿克蘇)의 참외 상인들

1월 7일 아침 7시 40분 장거리 버스는 아커쑤阿克蘇를 향해 발차하였다. 일출이 9시30분이니 이른 새벽에 출발한 꼴이다. 10시가 되어 버스는 룬타이輪台에 도착, 승객들에게 각자 아침 식사와 볼일을 보는 시간이 주어졌다.

룬타이 버스 정류장에는 많은 상인들이 마차나 손수레에 땅콩, 해바라기, 건포도 등을 수북수북 싣고 나와 제각기 사라고 외쳐대고 있었다. 우리 나라의 포장마차나 다를 바 없는 간이 식당에서는 양고기를 듬뿍 넣고 볶은 스파게티와 비슷한 면류나 탕면류로 승객들의 아침 식사가 한창이었다.

11시가 되어 버스는 또다시 힘차게 달리기 시작했다. 오후 3시가 되어 버스는 쿠처庫車에 도착하였는데 40분 뒤 발차라 점심을 해결하고 부랴부랴 둘러본 가축 시장에서는 말, 나귀, 낙타, 양 등이 매매되고 있었다.

쿠처를 떠나 종일토록 웨이우얼족의 민가와 사포 사막沙包砂漠을 관찰하고는 저녁 7시가 되어서야 아커쑤阿克蘇에 도착하여 타클라마칸塔克拉瑪干 사막의 북쪽 변두리 톈산 산맥의 남쪽 기슭에서 둘째 밤을 보내게 되었다. 그런데 어찌된 영문인지 이 곳에서는 외국인 분리 정책이 시행되고 있었다. 그래서 그 동안 가까

웠던 중화인민해방군 전사들과 생이별을 해야 했다. 또한 외국인이라는 이유로 숙박비도 1인당 10위안(1.9달러)으로 껑충 뛰어 버렸다. 저녁 식사를 마치고 매점에서 다시 전사들을 만나 즐거운 담소를 나눴다.

아커쑤阿克蘇는 현급 시로서 북쪽에는 우스 현烏什縣과 원쑤 현溫宿縣, 동쪽에는 신허 현新和縣과 사야 현沙雅縣, 남쪽에는 처러 현策勒縣, 뤄푸 현洛浦縣과 아와디 현阿瓦堤縣 등이 있고, 서쪽은 커핑 현柯坪縣과 교접하고 있다.

중심부의 수리적 위치는 동경 80° 12′ 과 북위 41° 06′ 의 교선이며 관할 8개 향鄕과 4개의 반사처班事處가 있다. 총면적은 18,370km²이고 아커쑤 시의 면적은 24km²이다. 인구는 총 356,600명이며 이 중 최대는 한족으로 그 비율은 53.5%에 이른다. 그 밖에도 30여 개의 소수 민족이 모여 살고 있다. 예부터 실크로드의 주요 거점 도시로 발달하여 온 곳으로 현이 세워진 것은 1913년이고, 시로 승격된 것은 1983년이다.

연평균 기온은 10.6℃로 강수량이 거의 없는 전형적 사막이지만 융빙수에 의한 카나트의 발달과 하천 오아시스가 많아 농목업이 발달하였고, 우수한 면화와 양모의 산지로도 유명하다.

총천연색의 암석 파노라마

08시 정각에 버스는 어김없이 아커쑤에서 발차하였다. 09시 40분이 되어 사징쯔沙井子란 농촌 마을에서 일출 광경을 본 뒤, 양고기와 수타면을 콩기름에 볶은 초면炒麵으로 아침 식사를 하였다.

이 날은 오전 내내 사포 사막을 지나 오후 2시가 되어 싼차커우三岔口라는 암석 사막에 도착하였는데 우리는 산지 사면에 나타난 총천연색의 지질 단면을 관찰하고 기록하며 스케치하였다.

이 지역 일대는 캄브리아계에 속하는 탄산염암과 쇄설암 외에 실루리아계의 층서가 교란된 형형색색의 암층들이 오랜 지질 시대의 보정적 승강 운동을 말없이

◎ 암석 사막(hamada)의 전형 바자베이시(巴札貝希)를 따라 카스(喀什)로 향하다 보면 총천연색의 암석 산지가 나타난다. 이 일대는 지질 단면과 지반 운동사 및 퇴적 환경을 살필 수 있는 훌륭한 지질 교육장이다.

Part 6 백설에 뒤덮인 알타이

○ 총천연색을 나타내는 각이한 지질 시대의 암석 단면과 산록의 선상 평원(fan plane)상에 발달한 몇 가닥의 건조 하천 와디(wadi).

설명해 주고 있었다.

휴식과 점심 시간을 이용한 현지 조사를 마치고 사람의 머리통만큼 큰 하미참외哈密瓜 반 통을 1.5위안(0.3달러)에 사들고 서둘러 버스에 승차하였다. 하기야 땀도 많이 흘렸고, 갈증과 시장기 해결에 당도 높은 하미참외보다도 더 좋은 것이 있으랴.

18시가 되어 대망의 카스喀什 — 원래의 이름은 카슈가르喀什噶爾이지만 통상 모든 사람들이 줄여서 카스라고 부른다. — 에 도착하였다. 그 동안 정들었던 웨이우얼족의 친구들과 작별 인사를 나누고 서둘러 외국 손님을 취급하는 호텔을 찾았는데, 마침 톈난 로天南路 북쪽 모퉁이에 톈난판뎬天南飯店이 있어 44위안(8.5달러)을 지불하고 여장을 풀었다.

파미르 고원에 위치한 카스(喀什)

카스喀什는 신장웨이우얼 자치구新疆維吾爾自治區 남서부의 카슈가르 강喀什噶爾河

○ 산차커우(三岔口) 버스 터미널의 한겨울 하미참외(哈密瓜) 상인들.

상류에 자리잡고 있는 남강南疆 최대의 도시이다. 경위도상으로 시의 중심은 39° 04′ N, 75° 09′ E의 교선에 있다. 부근 일대는 오아시스 농업과 목축업 외에도 수공업이 발달해 있어 카스는 남강南疆 지방(남부 신장웨이우얼 지역을 가리키는 말)의 정치·경제·문화·교통의 중심지가 되고 있다.

또 카스는 중앙 아시아와 중국을 잇는 실크 로드상의 중요한 중계 도시로서 천여 년의 역사를 간직한 고도이기도 하다. 타클라마칸 사막의 서쪽 변두리에 해당하는, 파미르 고원의 동쪽 기슭 투만 강吐曼河과 커쯔러 강克孜勒河 사이에 발달한 하천 오아시스 카스는 예부터 동서양을 잇는 톈산 남로의 중요 교역 도시로 발달하였다. 이러한 역사적 고도를 살펴본다는 것은 매우 뜻있는 일이다.

기절초풍하게 만든 인민공원 호랑이의 포효

우선 시내의 분위기도 파악할 겸 부근의 인민공원을 찾았다. 입구에서 입장권을 구입하고 식물원을 돌아 동물원 쪽으로 진입하였다. 관람객은 오직 우리 부자뿐이었다. 톈산 산맥과 쿤룬 산맥이 만나고 그 사이에 파미르帕米爾 고원이 있어 동서남북의 동식물상을 두루 살필 수 있을 것 같아 매우 좋아하던 중, 우리는 그만 소스라치게 놀라고 말았다. 허술한 기둥에 마치 우리 나라의 닭장과 같은 철망우리 속에서 성질이 유순한 초식 동물도 아닌 야성 그대로의 호랑이가 우리 부자를 보고 포효하며 날뛰기 시작한 것이다. 마치 먹거리를 만난 듯 길길이 뛰며 금방이라도 울타리를 부수고 덮칠 듯한 기세였다. 우리는 혼비백산하여 도망치듯 그 곳을 탈출하였다. 그런 허술한 울타리 안에 굶주린 맹수를 두고 있다는 것을 가히 웨이우얼 사람들의 용맹스러운 기질과 품성으로 이해해야 하는 건지, 아니면 안전 불감증으로 이해해야 하는 건지…….

고향집 가족과 함께 잠든 향비(香妃)

아바훠쟈阿巴霍加의 능묘는 중국의 국가중점문물보호단위이다. 이 마자麻扎는 1640년을 전후하여 대예배사와 교경당, 객청, 연못 등이 건설되었으며, 이슬람교 백산파白山派의 교주인 아바훠쟈阿巴霍加와 그의 아버지 아지무한 머더위수푸阿吉穆罕默德玉素甫 등 5대에 걸친 훠쟈霍加를 비롯하여 총 72인이 안치되어 있는

● 아바훠자의 능침 내부. 비단에 덮여 있는 것이 향비(香妃)의 무덤이다. 현재 중국 국가중점문물보호단위(國家重點文物保護單位)로 지정 보호되고 있다.

◐ 보통 샹페이 묘(香妃墓)로 더 잘 알려진 아바 훠자(阿巴霍加)의 능묘. 능묘의 후원에는 수천 기의 무덤이 일률적으로 진흙 매질이 되어 있다.

일종의 가족묘이다.

마자의 규모는 길이 35m, 넓이 29m이고 높이는 무려 22m에 이른다. 건물 중심의 대형 돔을 비롯하여 건물 모퉁이에 만들어진 4개의 원주는 비취색 타일로 장식되어 휘황찬란함을 뽐내며 이슬람 건축 문화의 극치를 보여 주고 있었다.

이 마자는 통상 샹페이무(香妃墓)로 불리는데 그 이유는 청나라 건륭 황제에게 시집갔던 향비(香妃)가 잠들어 있기 때문이다. 향비는 지방 호족의 딸로 방년 22세 되던 1756년 베이징의 황궁으로 시집을 갔으나, 스물아홉의 젊은 나이에 시름시름 앓다가 세상을 떠났다고 한다. 머나먼 고향에 대한 막연한 그리움에서였을까, 아니면 진정 사랑했던 고향의 연인에 대한 서럽고도 애닯은 마음에서였을까? 그 이유야 어찌되었든 죽어서 고향으로 돌아온 향비는 지금 명부에서 가족들과 행복하게 잠들어 있지 않을까 싶다.

능묘의 후원으로 나가면 수천 기의 무덤이 자리한다. 일률적으로 진흙과 새를 섞어 반죽한 진흙으로 매질되어 있는데 이는 건조 기후라는 특징을 잘 반영한 독특한 이슬람권 묘지 문화라는 생각이 들었다.

말 엉덩이에 방울을 단 말 마차와 나귀마차

웨이우얼족은 천편일률적으로 흑색 우단으로 만들어진 챙 없는 둥근 모자, 마치 럭비공의 1/3을 잘라 버린 것 같은 모자를 똑같이 쓰고 있었다. 모자의 안쪽은 솜을 넣어 누비거나 원모가 달린 양피로 되어 있어 어떠한 추위에도 견딜 만한 방한력을 가진다. 마음에 들어 사기로 결심하고 온 시장 안의 50여 개 모자상점을 누벼 보았지만, 우리 머리에 맞는 것이 없어 아쉬움을 남기고 포기할 수밖에 없었다.

우리 부자의 머리둘레는 한국에서는 지극히 평범한 크기이다. 자세히 관찰해 보니 웨이우얼 사람의 머리통은 우리 한국 사람보다 일반적으로 작다는 것을 알게 되었다. 나름대로 추리한 결과, 이들은 겨울철의 혹한에 대비하여 어려서부터 모자를 쓰는데 신축력이 적은 소재로 모자를 만들어 두개골의 발육이 적절하게 이루어지지 않은 것이란 결론이 났다. 아주 재미있는 추리라는 생각이 들었다.

한편 우리 나라를 비롯해 중국의 둥베이 지방에서는 통상 말의 목둘레에 방울을 장식하는 것이 보통이다. 그런데 이 곳 카스의 말마차는 말 엉덩이에 방울을 큰 쟁반 모양으로 둥글게 장식하는데 방울 울림이 무척 명랑하고 요란스럽다. 카스에서는 나귀마차도 흔히 볼 수 있는데 일반 마차보다 마부의 농간이 심하여 비싼 편이다.

티베트 고원을 횡단하기 위해 거얼무格爾木에 체류할 때 우리보다 먼저 타클라마칸 사막을 여행하고 돌아온 일본인 오노 다쯔오大野龍男 씨의 충고가 생각이 났다. 그의 말에 따르면 타클라마칸 사막 여행에서는 나귀마차를 이용할 경우가 많은데 이 때에는 나이가 많은 마부의 마차를 대절해야 한다는 것이다. 그렇지 않으면 이외의 시비로 대절료를 더 많이 지불하게 될 수 있다고 했다. 다시 말해 젊은 마부가 운행하는 나귀마차는 되도록 이용하지 말라는 조언인 것이다.

○ 카스 교외의 토담벽을 이용한 양피 건조 모습. 카스 지방은 목축업과 함께 피혁 공업도 발달하였으나 제품의 질은 매우 낮다.

○ 중국의 수도권이나 동베이 지방, 우리 나라 등지에서는 목걸이식 말 방울을 장식하지만 신장 웨이우얼 지역에서는 말 엉덩이에 쟁반 모양으로 말방울을 장식하는 것이 보편화되어 있다. 울림의 효과가 만점이다.

Part 6 백설에 뒤덮인 알타이 241

○ 대절된 나귀마차를 타고 명소를 찾아 한가로운 카스 시의 교외 지역 이 곳 저 곳을 누비고 있다.

하지만 나는 괜한 발동이 일어 일부러 이 조언을 어기고 30대의 젊은 나귀마부를 선택하였다. 예상대로 그들의 작전이 가관이었다. 그 젊은 마부는 동료 한 명을 부르더니, 한 대값인 30위안(5.8달러)만 내면 되니 우리더러 제각기 타라는 것이다. 결국 우리는 어쩔 수 없이 양쪽 마부에게 각기 운임을 내고도 수고료까지 더 지불하고 말았다.

한편 나귀는 고집이 세어 잘 나가다가도 멈춰 서면 다시 갈 생각을 하지 않고 선 채로 버티기를 한다. 이럴 때면 나귀마부는 회초리를 멍에 속에 집어넣고 사정없이 찌른다. 이 때 나귀의 반응은 매우 신경질적인데 몸통과 머리통을 동시에 비틀며 못 견디겠다는 몸짓으로 급발진하여 마부를 골탕먹이려 든다.

뜻하지 않은 고아원 방문

낡고 볼품 없는 허름한 중세의 이슬람 사원과 성벽이 지니는 매력에 이끌려 분주히 사진을 찍고 있는데 마치 성당의 수녀차림과도 같은 차도르를 두른 한 이슬람 여인이 나에게 다가왔다. 볼거리가 있다는 무언의 안내를 받아 찾아간 곳

◐ 볼거리가 있다는 이 슬람 여인의 말없는 안내를 받아 따라가 보니 고아원, 기다렸다는 듯이 아기를 안겨주며 알라 신의 자비를!

은 고아원이었다.

점잖게 생긴 40대의 원장쯤 되는 분이 나에게 아기를 안겨 주며 알라 신의 자비를 베풀 것을 간청하였다. 비록 말은 통하지 않지만 인간의 얼굴에 나타나는 감정 표현은 최상의 국제어라는 것을 생각하게 되었다. 우리는 원장에게 약소하지만 30위안(5.8달러)을 주며 어린이들에게 먹거리를 사서 나누어주라고 했다. 30위안은 우리의 화폐 가치로는 7,500원에 불과하지만 당시 중국의 임금 수준으로는 반달치 월급에 해당하는 것이었다. 사람 사는 어디에나 이렇게 버려진 생명들이 존재해야만 하는가 하는 자조섞인 비탄이 잠시 이방인의 입에서 흘러나오는 순간이었다.

05 타클라마칸 사막의 최남단 오아시스 허톈

타클라마칸 사막(塔克拉瑪干沙漠)의 남쪽으로

새벽같이 일어나 배낭을 짊어지고 호텔에서 그리 멀지 않은 장거리 버스 터미널로 향했다. 600km의 먼 거리에 있는 허톈(호탄)和田까지의 버스 요금은 비교적 싼 편이었다. 와이비外幣로 1인당 20.7위안(4달러)을 지불하고 버스 승차권을 구입하였는데 정면과 좌우를 모두 관찰하기에 안성마춤인 좌석에 배정되었다.
버스에 일출 1시간 전인 8시 30분에 승차하였으나 알 수 없는 이유로 10시 45분 발차하기까지 무려 2시간 15분을 냉장고 같은 버스 안에서 추위와 싸워야 했다. 사실 여행 중 이런 경우를 당하는 일은 그야말로 다반사였다.
사막을 여행하는 중이라 날씨 걱정은 전혀 할 이유가 없다고 생각하고 쿤룬 산맥崑崙山脈의 북사면에 발달한 빙하 지형을 관찰할 즐거움에 가슴이 부풀었다. 하지만 기대는 빗나갔다. 서로 다른 기단이 충돌하는 쿤룬 산령에는 전선대가 형성되어 종일토록 검은 구름이 소용돌이쳤다. 대자연의 질서 앞에 무력한 인간이 무엇을 탓하겠는가. 15일 전 티베트 고원에서 관찰한 쿤룬 산맥 남사면의 장

텐산 북로 타클라마칸 사막의 남쪽 변두리 하천 오아시스 천변의 전통 민가. 평지붕이라는 것이 다를 뿐 잡목 가지로 엮어서 만든 울타리나 문짝은 우리 나라와 동일하다.

엄한 빙하 경관을 떠올리며 쿤룬 산맥 자체가 기상학적으로 하나의 전선을 이루고 있음을 다시 한번 생각할 수 있는 계기가 되었으니 그나마 다행이리라.

버스는 힘차게 달려 12시 30분에 잉지사(예이쌀)英吉沙를 경유 16시에는 사처沙車에, 18시 30분에는 예청葉城에 도착했다. 승객들은 각자 저녁을 해결한 뒤 다시 버스에 올랐다. 밤 10시 10분 캄캄한 밤중에 모위墨玉에 도착하자, 30분 뒤에 종착지인 허톈和田에 도착할 예정이라고 알려 준다.

22시 40분 장거리 버스는 사무실도, 버스 한 대도 없는 허톈 버스 터미널에 도착하였다. 암흑의 밤, 가로등은 고사하고 동서남북을 분간하기조차 어려운 낯선 지방의 인적 드문 밤거리에 버스 터미널이란 이름만 가진 미지의 벌판에 내버려진 여행자들. 그야말로 초행자들에게는 난감하기 이를 데 없는 막막한 곳이다. 속절없이 배낭을 짊어지고 사람들이 가고 있는 방향으로 따라갈 수밖에 없는 처지가 되었다.

그러나 문제의 심각성은 여객이 이용할 수 있는 교통 수단이 전혀 없다는 데 있었다. 어둠 속에서 상대가 남자인지 여자인지조차 분간하지 못한 채 "웨이웨이

○ 하천 오아시스 부근 버스 정류장 옆에 매점과 휴게실을 짓고 있는 현장. 이 지역에서는 땔감을 통상 옥상에 저장한다.

두이부치 빈관 자이나얼?"(여보세요, 미안합니다. 외국인 호텔이 어디 있습니까?) 얼굴은 보이지 않지만 들려오는 목소리로 보아 분명히 중년의 여인이었다. 그녀는 이 길로 곧장 600m 정도 걸어가면 호텔이 있다고 했다. 불빛도 없는 시골길은 한번 들어가면 다시 나올 수 없다는 타클라마칸塔克拉瑪干 사막의 불길한 의미를 다시 한번 떠올리게 했다. 최남단 오아시스(綠洲) 허텐 버스 터미널의 음울한 현실이었다.

정들지 않는 도시 허텐(和田)

이름 모를 아주머니의 도움으로 드디어 허텐 빈관和田賓館에 도착하였다. 입실 수속을 하는데 어찌나 불쾌하고 무례한지 할 말을 잃을 정도이다. 지정된 방에 입실하였으나 방안에는 출입문 잠금 장치조차 없었다. 거기에다 너무나 더러운 침구, 화장실. 영하의 추운 객실이지만 티베트 고원 우다오량五道梁의 외국인 숙소보다는 낫다는 생각으로 자신을 위로하며 하룻밤을 묵었다.

○ 보쓰탄(波斯壇) 남로와 타미샤(它米下) 서로의 교차점에 새로 지은 허텐 신빈관(和田新賓館). 이슬람 사원과 같은 건축 양식을 하고 있다.

악몽의 한 밤은 지나가고 새 날이 밝았다. 무조건 짐을 챙겨 거리로 나오고 말았다. 마침 지나가는 나귀마차로 중국민항 허텐 사무실로 향했다. 공항 사무실 직원들 또한 불친절하기는 마찬가지였는데 외국인에 대한 불쾌한 감정을 나타내기까지 하였다. 말을 걸어도 대답을 잘 하지 않을 뿐더러 모욕적인 언사로 입을 삐쭉거리며 화를 내기까지 하였다. 항공권을 알아보지도 못하고 나와 버렸다. 웨이우얼 지역의 현실에 여행객은 참으로 실망스러울 수밖에 없을 듯하다.

그런데 다행히도 우루무치烏魯木齊에 있는 중국과학원의 조류학자 마 밍馬鳴 교수를 만났다. 그는 현지 조사를 위해 출장을 와 있는 중이라며 어려운 사정을 듣고는 직접 알아봐 주었다. 그 결과 당일 항공권은 매진된 상태라며 내일 아침 다시 오라고 했다.

귀로에 마부더러 허텐에는 외국인 숙박 시설이 없느냐고 물어 보았더니, 지난밤 묵은 곳은 시설이 낡은 빈관이고 최근 새로운 빈관이 지어졌다며 그 곳으로 안내해 주었다. 허텐 신빈관新賓館은 허텐 시 남서부의 보쓰단波斯坦 남로와 타미샤它米下 서로의 교차점에 신축되었는데 외벽은 이슬람 사원과 같은 모자이크 형

Part 6 백설에 뒤덮인 알타이 247

식으로 온통 청록색의 타일로 장식되어 있었다.

여객은 우리 부자뿐. 관리인은 우리가 신빈관을 찾아준 최초의 한국인일 뿐 아니라 허톈을 방문한 최초의 한국인일 거라며 반겼다. 숙박료는 1박에 60위안(11.6달러)으로 다소 비쌌지만, 더운 물도 나와 목욕과 빨래가 가능하였으며 구내 식당에서 단돈 12위안(2.3달러)에 푸짐한 점심 식사를 즐길 수 있었다.

나귀마차를 타고 시내 구경에 나섰다. 많은 사람들이 모여 있어서 찾아가 보니, 이슬람 사원 앞에서 우리 나라의 5일장과 비슷한 정기시定期市가 열리고 있었다. 다양한 크기의 이슬람 교 성전인 코란을 파는 사람, 옛날 동전을 사라고 보여 주는 사람, 우아한 청옥과 백옥의 잘 수마된 자갈을 사라고 보여 주는 사람, 기타 골동품을 보여 주는 사람 등 모든 것이 기이하기만 하였다.

나는 이 중에서 쿤룬 산맥의 빙하성 세류細流가 모인 허톈 강和田河을 따라 억겁의 세월을 흐르며 둥글게 연마된 수마력을 선택하였다. 수마 작용水磨作用의 산물인 비취색과 우유색의 계란 크기만한 강자갈 2개에 50위안(9.6달러)을 주었는데 황옥(topaz)과 같은 경도 8에 해당하는 비취였다.

허톈은 신장웨이우얼 자치구의 남부에 자리잡고 있는 현급 시로서 시의 서북쪽으로는 모위 현墨玉縣과, 북동쪽으로는 뤄푸(롭)洛浦와 처러策勒 2개 현과 접하고 있다. 한편 동남쪽에는 티베트 자치구의 르투 현日土縣, 서남쪽엔 카슈미르 현克什米爾縣, 서쪽엔 피산 현皮山縣이 있다. 시구의 중심 좌표는 동경 79° 54′과 북위 37° 06′의 교선이다.

직할 3개 향鄕과 1개 진鎭 그리고 4개의 가도반사처街道班事處를 갖고 있으며 총면적은 189km²이고 시역은 10km²이다. 인구는 총 13만 명으로 그 중 웨이우얼족이 85%를 차지한다. 원래의 지명은 허톈和闐이었으나 1959년 현재의 허톈和田으로 쓰기 쉽게 바뀌었고, 1984년에는 시로 승격되었다.

우리는 운 좋게도 이 곳에서 지리 전문서와 희귀한 요철 지도인 '중국입체전도'(축척 1: 6,000,000)를 발견하였다. 그리고 갖은 고생 끝에 국내로 무사히 반입할 수 있었다.

사막에서 채취되는 거목 뿌리의 정체와 고성

바자르bazar(일반적으로 이슬람 지역의 시장을 뜻함)를 돌아보던 중 우연히 모래바람에 의한 모진 풍식에 시달린 듯한 거대한 고목 나무의 뿌리들이 대형 트럭에 가득 실려 시내로 들어오는 것을 목격할 수 있었다. 운전사에게 어디에서 실어 오는 것이냐고 확인하였더니 예상 대로 사막에서 수집되어 땔감으로 판매되는 것이란다.

이들 나무뿌리는 타클라마칸 사막의 남쪽 변두리에서 채취되는데, 이는 이 지역이 지금은 일목일초의 생존도 불허하는 열사의 광풍이 휘몰아치는 절대 사막이지만 옛날에는 그렇지 않았다는 증거인 것이다. 한때 기후가 습윤하여 숲을 이루고 거목들이 하늘을 찌르던 밀림 지대였던 적이 있다는 것을 증명한다.

이는 타클라마칸 사막의 점차적 남진이나, 아니면 허텐 강和田河의 끊임 없는 수로 변천, 지하를 흐르는 잠하潛河(lost river)의 소장消長 등을 밝혀 줄 귀중한 증

○ 사막에서 수집되어 땔감으로 팔리고 있는 거목 뿌리들. 이 거목 뿌리들은 사막에도 한때 습윤 기후였던 적이 있었음을 증명한다.

◉ 육중한 허텐의 말리커와터(瑪利克瓦特) 고성. 포크레인에 의해 무참히 파괴되고 있어 안타깝기 그지없다.

거가 될 수도 있다. 그러나 계획된 여행 일정으로 인해 확인 답사는 하지 못하였다. 언젠가 이 의문을 천착하여 바르게 해석하고, 거목의 뿌리를 채집하여 연료로 사용하는 우매함에서 벗어나 사막의 생성·변천과 결부하여 관광 지역으로 지정하거나 박물관에 전시해야 할 것이란 생각이 들었다.

한편 허텐에서는 육중한 모습의 말리커와터瑪利克瓦特 고성과 만날 수 있다. 이 옛 성은 흙으로 만들어진 토성이다. 중국의 위대한 유산인 만리장성은 중국 간쑤 성甘肅省의 하서회랑河西回廊 서부에 있는 자위관嘉峪關에서 시작하여 허베이 성河北省 북쪽의 친황다오 시秦皇島市, 그리고 북동쪽 보하이 만渤海灣의 산하이관山海關에 이르기까지 연면히 만 리를 이어진다. 또한 능선과 계곡을 연결하며 그 대부분이 튼튼하고도 육중한 기석基石을 바탕으로 축성되었다. 이에 비하면 허텐 토성和田土城은 돌 한 덩이리 보이지 않는 순수한 사질 토성이다. 비록 모래와 진흙으로만 축성되어서 그 규모는 작을지라도 높이나 넓이에 있어서는 만리장성에 비교할 만하다.

그러나 허톈 토성의 축성 연대와 담겨진 역사에 대해서는 아무도 아는 사람이 없었다. 언뜻 보기에도 의미 있는 문화재로 보이는데 새로운 도로 개설을 위해 무참히 파헤쳐지고 포크레인에 의해 잘려져 나간 것을 보고 있노라니 안타까운 마음이 들었다.

중국 대륙을 돌아다니다 보면 이와 같은 비지정 문화재가 도처에 산재해 있다. 무엇보다 이들의 보호가 시급한 과제인 것 같다는 생각이 든다.

06 중국 대륙에서 가장 낮은 땅 투루판 분지

에어버스를 타고 조감한 타클라마칸 사막

고생스럽게 이루어진 항공 여행은 비싼 운임과는 상관없이 마냥 즐겁기만 하다. 1월 13일 13시 40분 소형 여객기가 드디어 타클라마칸 사막을 횡단하기 위해 이륙하였다. 사막을 횡단하면서 여러 가지 사구 지형과 타림 강塔里木河의 망상 수계를 관찰하고 유역과 유로의 변천 과정을 살필 수 있다는 것은 지형학을 전공한 사람으로서는 더없이 좋은 기회이자 즐거움이 아닐 수 없다.

끝없이 발달한 종렬 사구와 격자상 사구를 관찰하는 사이에 타림 강의 넓디 넓은 망상 하계가 나타났고, 누대에 걸친 범람의 역사를 말하듯 수없이 많은 하도 변천의 역사가 그 위에 쓰여진 듯했다.

특히 아커쑤阿克蘇 시에 기항하면서 공중에서 바라본 사막의 관개 수리 시설과 톈산 산맥의 남사면에 발달한 융빙수를 이용하는 카나트의 정공井孔들이 눈길을 끌었다.

손에 잡힐 듯한 광경을 바라보며 여객기는 어느덧 톈산 산맥을 서에서 동으로

◌ 타클라마칸 사막 중심부에 발달한 격자상 사구 지대. 이 곳의 해발 고도는 840~1200m이고 강수량은 50mm이다.

거의 분수계를 따라 비행하는데 마치 전세 비행기로 지형 관찰을 하고 있는 것 같은 착각이 들었다.

톈산 산맥의 빙관 빙하와 곡빙하, 그리고 곡빙하에서 넘쳐 다른 골짜기로 흐르

◌ (좌) 격자상 사구 지대를 통과하면서 바르한(barchan) 사구 지대가 나타나는데 바람의 강도에 따라 사구 지대에도 고지와 저지가 확실하게 구분되고 있는 듯하다.
(우) 바르한 사구 지대를 지나면 타림 하곡에 가까워지는 곳에서 성형 사구(oghurd)가 나타나는데 이는 지형적 조건들이 일정한 바람 방향을 유지하기 곤란한 곳에 생긴 머저리바람의 산물로 생각된다.

Part 6 백설에 뒤덮인 알타이

는 일류 빙하溢流氷河가 나타났다. 빙하에도 하천의 쟁탈(stream piracy) 현상과 동일한 쟁탈 현상이 나타난다는 사실이 관찰되었다. 설선 부근에 발달한 수준을 서로 달리하는 권곡圈谷(kar)과 빗살무늬처럼 생긴 거치상鋸齒狀의 즐상 능선櫛狀稜線(combridge) 등 특색 있는 빙하 지형들이 무수히 관찰되었다.

한편 빙하 주변 산지의 침엽수림대와 그 아래의 초본대에서 유유히 풀을 뜯고 있는 양떼와 소떼들의 목가적인 풍경은 평화로움 그 자체의 본질을 풀어 묘사한 한 폭의 수채화를 들여다 보는 듯한 느낌을 주었다.

카나트의 정공(井孔)과 오아시스 농업

카나트qanat란 지표수의 관개가 거의 불가능한 초건조 지역에서 개발된 독특한 지하 관개 수로를 가리키며, 이를 이용한 관개 영농 방식은 일종의 오아시스 농업이라고 할 수 있다. 지하 수로를 흐르는 물은 정공井孔을 이용하여 위로 끌어 올려 사용하는데 본래 카나트란 말은 페르시아 어에서 도입된 것이다.

이러한 지하 관개 수로는 중앙 아시아의 우즈베키스탄이나 아프가니스탄 및 이란, 아프리카 북부 지역 등에서 흔히 관찰할 수 있다. 그 중에서도 가장 규모가 크고 보편화된 곳이 중국의 신장웨이우얼 지역이며 특히 아커쑤阿克蘇 일대와 투루판吐魯番 분지 지역이 가장 유명하다.

카나트의 개발은 건조 지역 주변에 발달한 빙하, 즉 천연의 저수지가 있으면 아주 이상적이다. 빙하의 발달이 없더라도 산록 선상지의 선정에 모정母井을 파고 용출하는 지하수를 지하의 암거(물이 보이지 않게 매설한 배수로)로 자연 유하시키는 방법이 있다. 이러한 방법은 유수량이 매우 안정적일 뿐 아니라 사막에서의 지나친 증발로 인한 물 손실을 막아 물 이용의 효율을 높이게 된다.

그 한 예가 보거다 봉博格達峰 남사면의 투루판 분지 지역에 있는 1,300여 개의 카나트(칸얼징坎兒井)로, 이 지역 용수량의 80% 이상을 담당하며 350,000ha의 경지를 관개한다. 안정된 오아시스 농업의 진수를 보여 준다고 하겠다.

○ 투루판 분지 상공에서 바라본 카나트의 정공(井孔)들.

○ 자갈 사막과 풍력 발전은 밀접한 상관 관계가 있다. 자갈 사막은 바람의 통로에 있어 모래는 날려 가고 자갈이 누적되어 생성된 것이다. 따라서 자갈 사막 지역은 연중 강한 바람이 불어 풍력 발전에 매우 유리한 입지 조건을 제공한다.

차이워푸(柴窩堡) 부근의 자갈 사막과 풍력 발전

풍력 발전은 계절과 관계 없이 늘 바람이 강하며 풍향이 안정되고 그 변화가 적은 곳에서만 가능하다. 왜냐하면 발전 기기의 비용과 발전소의 건설 비용이 높고, 점지 면적이 넓으며, 다른 발전 설비에 비해 수명이 짧기 때문이다. 이 같은 단점 때문에 풍력 발전은 현재 널리 보급되지 못하고 있지만, 무공해의 무한한 에너지 자원을 이용한다는 점에서 볼 때 앞으로 풍력 발전소의 건설은 큰 의미를 갖는다고 할 것이다.

실제로 미국의 알류샨 군도와 중국의 북서부에 해당되는 차이워푸(柴窩堡)를 비롯한 자갈 사막 지역과 연중 편서풍이 부는 북서 유럽 및 중부 아프리카 등지는 풍력 발전의 입지 조건이 매우 좋은 곳들이다.

이미 미국은 이러한 조건을 이용하여 730,000kwh의 풍력 발전을 이룬 세계 최대의 풍력 발전 국가이며, 현재 덴마크와 독일 연방 및 네덜란드, 오스트레일리아 영국 등지에도 현대화된 풍력 발전소가 건설되어 있다.

우루무치를 출발한 지 약 2시간이 지나 차이워푸柴窩堡의 넓은 곡지에서부터 광활한 자갈 사막이 전개되기 시작하였다. 다반청達坂城에 이르기까지 연속된 이 자갈 사막 지역을 우투 공로烏吐公路를 타고 통과하였다.

이 일대의 지형을 살펴본 결과, 차이워푸의 북쪽 보거다 봉博格達峰(5,455m)에 빙관 빙하가 발달해 있고 남쪽 톈거얼 봉天格爾峰(4,562m)에도 빙하가 발달해 있으며 그 사이의 넓은 산록 지역은 사막화되어 있었다. 이 곳은 지형 구조상 자연스러운 바람의 통로여서 오랜 지질학적 시간 동안 비사 현상으로 모래가 없어지고 그 속에 묻혀 있던 자갈들이 시간의 흐름과 더불어 누적되어 지금과 같은 자갈 사막이 된 것이다.

현재 중국 정부는 항시 강한 바람이 불고 있는 이 자갈 사막에 30여 기의 풍력 발전기를 설치하여 오지 주민의 문화적 생활을 더욱 윤택하게 하고 있었다.

투루판 박물관(吐魯番博物館)의 옹관 미라

투루판 박물관은 겉보기에는 규모나 내용 면에서 시골 박물관의 수준을 벗어나지 못한 문자 그대로의 초라한 신설 박물관이다. 그러나 바다에서 멀리 떨어져

● 투루판 박물관에 보관되어 있는 3세기 말(서진 초)의 아스타나 무덤에서 출토된 옹관 미라.

Part 6 백설에 뒤덮인 알타이 257

● 아스타나 고묘에서 출토된 부인용의 아름다운 헝겊신으로, 주인공의 발냄새를 맡을 수 있을 정도로 보존 상태가 매우 좋다. 이는 습기가 전혀 없는 자갈 사막 아래의 황토 묘혈에서 출퇴되었기 때문이다.

있는데다 연 강수량 35mm의 절대 사막이라는 투루판 분지의 특별한 환경 조건하에 입지한 관계로 지상과 지하를 막론하고 매장 문화재들만은 무척 잘 보존되고 있었다.

박물관에는 자갈 사막 아래의 황토 토굴을 이용한 아스타나阿斯塔那와 하라허줘哈拉和卓 고분군에서 출토된 완벽하게 보존된 미라를 비롯하여 각종 진귀한 유물들이 전시되어 있다. 토용, 목용, 도기, 견사, 견직물, 목기, 전폐, 묘지墓志, 회골 문자回鶻文字, 고문서, 벽화를 비롯하여 약 3,000점에 달하는 각종 문서가 보존되어 있다. 또한 출토된 일상 생활용품들 중 그 일부가 전시되어 있다.

험상궂은 얼굴을 한 운전사에게 옹관瓮棺의 주인공인 미라의 사진을 찍어도 되느냐고 물어 보았더니, 어디에도 찍지 말라는 경고가 없으니 무방할 것이라 대답했다. 그런데 우리의 생활 풍속에 비추어보아도 그리 낯설지 않은 아름다운 천으로 제작된 신 한 켤레가 보여 다시 셔터를 찰칵 누르는 순간 누구인가 기다렸다는 듯이 일그러진 얼굴로 다가와 좀 전에 당신이 사진을 찍었느냐고 다그쳐 물었다. 그렇다고 대답하였더니 그는 무조건 자기를 따라 오라고 한다. 인도된 곳은 우리 나라로 생각하면 청원 경찰관 집무실쯤 될까. 자초지종도 물어 보지 않고 대뜸 카메라의 뚜껑을 열어 필름을 달라고 했다. 시간의 여유를 가지며 대처하기 위해 딴전을 부려 보았다. "니쉬선머?你說什麽", 즉 '무어라 하는 것이냐'고 물었더니, 필름을 꺼내 달라는 말만 되풀이하는 것이었다. 그래서 나는 "팅 부동聽不懂" 즉 '못 알아듣겠다' 고 퉁명스러운 목소리로 대답하였다.

순간, 이 위기를 모면할 대처 방법이 떠올랐다. 그래서 여권을 꺼내 보이며 손짓 발짓으로 종이와 연필을 달라고 하여 종이에 글씨를 써 벌금을 내겠다고 했다. 그리고 1위안짜리 지폐 3장을 꺼내 책상 위에 놓았다. 그랬더니 뜻밖에도 그런 적은 돈으로는 안 된다고 손짓 발짓으로 응수한다. 10위안, 20위안씩 그 액수가 점점 오르더니 결국 그 사람의 한 달 월급 수준인 50위안(9.6달러)을 내고서야 흥정이 마무리되었다. 3위안(0.6달러)짜리 입장권보다는 함정을 파놓고 걸려들면 수입을 잡으려는 무자비한 방법 같아 미친 척하고 벌금에 대한 영수증을 요구해 보았다. 뜻밖에도 순순히 응해 일금 50위안(9.6달러)정의 파콴罰款 영수증을 교부받았다. 지금도 이 영수증을 볼 때마다 그 때의 허탈함과 쓸쓸함이 다시 입가에 고인다.

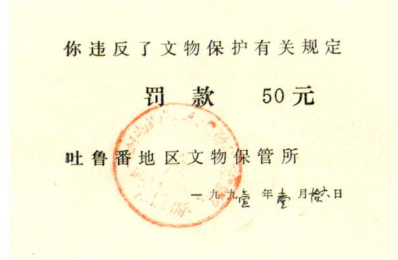

○ 투루판 박물관에서 미라와 유물의 사진을 찍고 지불한 50위안짜리 벌금 영수증.

가오창(高昌)과 자오허(交河)의 고성

투루판吐魯番 시 서쪽 약 10km에 자리잡은 야얼후 향雅爾湖鄉의 자오허구청交河故城을 방문하기로 했다. 이 옛 성은 규모는 작아도 마치 충칭重慶이 자링 강嘉陵

○ 6세기경의 자오허구청(交河故城)은 야얼청(崖兒城)으로도 불린다. 이 고성은 투루판 시 서쪽의 야얼후 향(雅爾湖鄉)에 위치하고 있는데 다허 강(大河)과 옌허 강(沿河)이 교차하고 있어 자오허(交河)라는 이름을 얻었다.

Part 6 백설에 뒤덮인 알타이   259

◉ 자오허구청(交河故城) 중앙의 흙벽돌로 쌓아올린 불교 사원과 탑상 불감(佛龕)에는 오늘날까지도 불상이 남아 있고, 성 밖에는 당대의 군묘들도 있다.

江과 양쯔 강揚子江 두 하천의 합류점 가까이에 발달한 침식 지형 어링 지협鵝岭地峽에 의하여 난공불락의 지리地利를 얻은 것과 비교된다. 지명이 시사하듯, 자오허交河 고성은 옛날에 왕성한 유세로 흐르던 다허 강大河과 옌허 강沿河에 의한 하천의 쟁탈로 생긴 침식 지형상에 지형적 이점을 얻어 입지한 천연의 요새지인 것이다.

비록 남북의 길이 1,000m에 넓이 300m밖에 되지 않지만, 주위가 30m의 황토 절벽으로 둘러싸여 있어 하중도와 같은 지형을 이루기 때문에 외부의 공격으로부터 안전을 유지할 수 있었다. 또 사막에 발달한 하천 오아시스인 관계로 관개 수리 시설에 의한 농산물 생산이 풍부하였고, 두터운 황토층이 존재하여 흙벽돌을 만들어 쉽게 도시를 건설할 수 있었던 것으로 생각된다.

특히 1,500년 전인 6~7세기에 이미 대로와 중로 및 소로 외에도 관가와 민거 그리고 신앙의 터전인 사묘寺廟와 성곽 등을 계획 건설했다는 점에서 자오허 고성은 인근의 가오창高昌 고성과 더불어 높이 평가함에 부족함이 없을 것이다.

이 유적들은 현재 상당 부분이 파괴되었지만 남은 유적만으로도 옛 선인들의 숨결을 피부로 느낄 수 있으며, 더욱이 건조한 사막이어서 사적과 유물들이 비교적 훌륭하게 보존되어 있는 편이다.

중국 대륙에서 가장 낮은 땅 아이딩 호(艾丁湖)

요르단과 이스라엘 국경상에 있는 해면하 392m, 면적 1,020km²에 평균 심도 146m의 사해死海 다음으로 낮은 해면하 154m의 아이딩 호艾丁湖는 웨이우얼어 維吾爾語로 달이란 뜻을 지니고 있어 웨량 호月亮湖란 아름다운 별명도 있다.
염호들은 일반적으로 극히 건조한 지역, 즉 사막에 존재한다는 공통성을 지니고 있다. 해면하 154m의 투루판 분지 최저부에 발달한 아이딩 호 일대는 연평균 강수량이 15mm에 불과한데도 연평균 증발량은 3,000mm를 넘는다. 이러한 극심한 물 수지의 불균형이 염호를 생성시킨 주된 원인이다.

◐ 투루판 분지 중심부에 자리잡은 아이딩 호(艾丁湖)로 웨량 호(月亮湖)라는 별명이 있다. 호의 크기는 동서 40km 남북 8km이며, 호면의 높이는 해면하 154m로 중동의 사해(死海)에 이어 세계 제2의 와지이다. 무진장한 염 자원을 가지고 있으며 화려한 염정(鹽晶)도 유명하다.

이렇듯 아이딩 호 주변에는 호면의 축소에 따른 딱딱한 염각(salt crust)으로 된 넓은 호염 평야(플라야)가 존재한다. 또한 규칙성 있게 호면에 발달한 각양각색의 소금 결정체인 염정鹽晶은 그 뛰어난 아름다움으로 인해 조화로운 대자연의 섭리 앞에 절로 옷깃을 여미게 만든다. 한편 아름다운 염정 표본 2점을 채취하여 한국까지 가지고 왔지만, 습도가 높은 우리 나라의 기후 조건하에서 적절한 보존 방법을 찾지 못해 녹아 사라지고 말았다.

아이딩 호의 크기는 동서로 약 40km, 남북의 너비는 평균 8km, 호면의 면적은 신축성이 매우 커서 평균 124km²이다. 호소는 매우 얕아 평균 심도는 0.8m이며 호면은 칭하이 성의 다부순 호達布孫湖처럼 염정으로 덮여 있다.

아이딩 염호는 중생대 말의 옌산燕山 구조 운동의 영향으로 만들어진 단함 분지斷陷盆地에서 비롯되었다. 그리고 신생대 제3기 히말라야 조산 운동으로 분지 주변이 융기할 때 분지만 계속 침강하는 이변으로 오늘과 같은 해면하 154m의 호분으로 남게 되었다. 따라서 머지 않은 장래에 넓은 호염 평야로 변화될 것은 불을 보듯 명확한 사실이다.

우루무치(烏魯木齊)에서 기차 타고 청두(成都)로

신장웨이우얼 지역에 도착한 지 16일 만인 1월 16일 오후 2시 16분, 우루무치발 청두행 기차를 타고 1월 19일 오후 2시에 청두 훠처잔火車站에 도착했다. 이 열차로 인해 만 3일간인 72시간 동안 여러 가지 일들을 겪게 되었다.

우루무치 역에서 기차표를 구입하고 있는데 누구에게 물어 보아도 한결같이 모른다는 말로 일관할 뿐이었다. 배낭 여행자를 몹시 배척하는 눈치였지만 그래도 우리는 서민들과 접촉을 하고 싶은 마음을 버리지 못했다. 그러나 여느 승객과 함께 줄을 서서 차례를 기다려 서투른 중국말로 청두행 기차표를 달라고 해도 으레 매진되었다는 퉁명스러운 대답만 되돌아왔다. 그리고 주변에는 암표상들이 줄줄이 빈대붙어 암표를 사라고 졸라댄다.

● 장장 3,064km를 72시간에 주파한 우루무치-청두 간 직통 열차 승조원과의 기념 촬영. 겨울철 정복은 입었지만 모자를 쓴 모습으로 보아 기강이 느슨한 것으로 생각된다.

하루 해는 다 가고 호텔을 찾으려 하니 비용만 가중될 뿐이어서 할 수 없이 암표를 사기로 결심하고 흥정을 했다. 우루무치-청두 간 승차권의 정상 가격은 잉워 硬臥란 이름뿐인 딱딱한 6인용 나무침대로 승차권 95위안(18.3달러), 침대권 56위안(10.8달러) 등 1인당 151위안(29달러)인데 그 곱배기인 300위안씩 600위안을 주고 2매를 구입하였다.

암표상에게 거금을 주고 구입한 승차권을 들고 기차에 올랐지만 상황은 예상 밖이었다. 나는 공산주의 국가처럼 엄격한 계급 사회는 세상에 다시 없음을 체험한 사람 중의 하나이다. 그러나 '사람 위에 사람 없고 사람 아래 사람 없다'는 감언이설에 현혹된 사고 방식은 기차 여행에서도 그 위력을 과시한다. 돈 주고 산 권리는 무시되기 예사이니 공짜표가 아닌 바에야 심히 불쾌하고 짜증스럽지 않을 수 없었다. 우리가 구입한 6인용 나무침대에 빈대 붙은 네 사람은 필자보다 나이가 적어 보이는 초로의 할머니 두 분과 초등학교 학생을 대동한 중년 부인 한 사람이다.

Part 6 백설에 뒤덮인 알타이

○ 런 쩌진(任哲金) 소좌와 하오 장(郝强) 소좌와는 걸프전과 태평양 전쟁 및 중·일 전쟁 등에 관해 이야기꽃을 피웠는데 서로의 의견이 같았다. 당시는 한국과 중국 간에 국교가 없는 상태였는데도 이들은 매우 우호적이었다.

주변 상황을 판단해 보니 이런 일은 아무런 부끄럼 없이 관례화된 듯싶었다. 어디를 살펴보아도 누구 하나 차장에게 항의하는 사람도 없을 뿐더러 당연하게 받아들이는 모습이었다. 오히려 불편하게 생각하는 우리를 자본주의 사상에 찌들은 몰인정한 사람으로 보는 눈치가 확연했다.

하기야 아래층이니 낮에는 담소하며 지내는 것도 그리 무의미하지는 않았다. 우리가 먼저 이것을 원하고 자초한 일이기 때문이다. 그러나 밤이 되면서 생각지도 못한 매우 심각한 문제가 발생하였다. 소변을 보러 가고 싶어도 갈 수가 없었다. 화장실에 갔다오면 이미 잠자리는 다른 사람이 차지하고 있을 것이니 아무리 생각하여 보아도 묘안이 없다. 이러한 상황을 참작하여 중국 정부가 외국인 격리 정책으로 중국 인민 대중과의 접촉을 차단하는 것이 아닐까 하는 생각이 문득 들기도 했다.

한편 다행스러운 부분도 있었다. 우리 6인용 침대에 중화인민해방군 신장군구 정보처(新疆軍區情報處)에 근무한다는 런 쩌진(任哲金) 소좌와 하오 장(郝强) 소좌가 앉아 있었다는 것이다. 대한민국 보병 장교로서 6·25 전쟁을 통하여 풍부한 전투 경험을 하고 예비역에 편입된 필자로서는 매우 흥미로운 친구들이었다. 이 밖에도 신장 알타이 지구 푸윈 현富蘊縣 물자국에 근무한다는 매우 친절한 두 창간杜長乾과 옆방의 쓰촨 성에 거주한다는 중공군 자 정賈政 준위가 매일 매일의 벗이 되어 주었다.

일제 침략하의 중학교 시절 일본식 군사 훈련과 8·15 광복 후 평양에서 종합대학 지리학부에 다니면서 구소련식 군사 훈련인 북한군 군사 훈련도 경험해 보았다. 6·25 전쟁 때에는 대한민국 국군 소대장, 중대장 및 참모로 복무하며 풍부하고도 해박한 군사 지식을 습득하기도 했다. 그러니 이들 현역 군인들과의 대화는 매우 자연스럽고 흥미진진하지 않을 수 없었다.

Part

지리학 삼부자의 중국 지리 답사기

세계의 지붕 티베트

中國

01 양쯔 강과 황하의 발원지

02 고산병으로 거얼무까지 후퇴하다

03 청두에서 공로 라싸로

04 빙하 지형과 양바징 지열 발전소

01 양쯔 강과 황하의 발원지

티베트 탐사에 이르기까지

우리 일행은 1992년 12월 25일 쿤룬 산맥 북쪽 기슭에 발달한 모식적인 빙하 지형 및 설선 아래의 융빙성 하류에 의한 선상 평원扇狀平原(outwash plain) 등 여러 가지 빙하 지형을 관찰하였다. 뒤이어 곡빙하와 빙하 말단부의 지형 및 빙하 양안을 중심으로 발달한 즐상 능선櫛狀稜線(comb ridge)과 현벽懸壁(hanging wall) 및 절단 산각切斷山脚(truncated spur) 등을 관찰하면서 티베트 고원을 향해 전진해 갔다.

IVECO란 이름의 피아트 사가 제작한 마이크로버스는 자체 급유(드럼통에 경유를 싣고 다님)를 하며 쿤룬 산맥을 가로질러 남진을 계속해 갔다. 오후 2시경이 되어 쿤룬산커우昆崙山口란 기념비가 서 있는 해발 4,767m 높이의 쿤룬산 안부에 도착하여 잠시 휴식을 취했다.

쿤룬산커우昆崙山口를 지나고 부동천不凍泉을 통과하면 거친 고한지高寒地 초원 위에 여기 저기 황갈색의 마른 풀을 뜯고 있는 노란 보호색으로 위장된 야생 동

◑ 추마얼 강(楚瑪爾河) 가에서 바라본 부카다반 봉(布喀達扳峰 6,860). 연봉에 만년설이 뒤덮여 있다.

◑ 쿤룬 산맥 북쪽 기슭 야라다쩌 산(雅拉達澤山 5,215) 기슭에 발달한 곡 빙하와 즐상 능선.

Part 7 세계의 지붕 티베트 269

◑ 고원에서 바라본 탕구라(唐古拉) 산맥은 낮은 둑처럼 보이며 전면의 고한 초본대(高寒草本帶)에는 야생 동물이 평화롭게 풀을 뜯고 있다.

물들이 나타난다. 티베트 고원의 전형적인 모습이다. 쿤룬 산맥과 탕구라唐古拉 산맥의 이름 있는 봉우리를 제외하면 이 곳에서 바라본 산줄기는 마치 평원상의 평범한 성벽과 같이 연면히 이어지고 있었다.

고원상에는 20~30cm의 키를 가진 벼과 지의류인 침모속 식물들이 마치 잔디와 같이 끝없이 펼쳐져 있다. 그리고 마이크로버스를 멈추고 사진을 연방 찍어대도 겁내지 않고 자유롭게 풀만 뜯고 있는 야생 동물들! 티베트들소(bos grunnience), 티베트영양(pantholops hodgsoni), 티베트들나귀(equus kiang)들이 4~5마리씩 떼를 지어 평화스럽게 풀을 뜯고 있는 모습은 현대 문명의 때가 묻지 않은 자연 그대로의 모습이다.

어느새 해는 쿤룬 산 쪽으로 기울고 동토의 땅에는 무서운 추위가 진군해 왔다. 운전원은 여기가 우다오량五道梁이라고 하며 숙박 준비를 서둘렀다.

◉ 티베트 고원 변두리의 삭막한 경관. 이 지역은 연평균 강수량이 150mm 내외이며 상식(霜蝕)과 풍식(風蝕)이 함께 이루어지고 있다.

첫 기숙지 우다오량(五道梁)

융해와 결빙이 되풀이되면서 거칠어진 울퉁불퉁한 노면을 뒤뚱거리며 달리고 달려 추마얼 강楚瑪爾河을 따라 비탈진 산길을 오르니, 석양이 쿤룬 산에 기울고 있었다. 은빛 찬란한 빙하에 반사된 석양의 햇살에 눈이 부시고, 고원의 냉기는 가슴을 파고들었다. 나름대로 완벽한 방한 장비를 갖추었다고 생각하였으나 두터운 순모 양말, 국산 방한화에도 불구하고 발은 얼어터질 듯. 그 통증에는 속수무책이다. 차의 난방 장치도 제대로 기능을 하지 못해 장식물에 불과하였다(후일 이 경험을 살려, 공기를 불어넣을 수 있는 미 육군의 설한지 작전용 반장화를 신고 중국의 극북인 베이지춘(북극촌) 시린지西林吉와 모허漠河 탐사에 성공을 거두었다).

왜소한 출입문이 하나밖에 없는 투박한 진흙벽의 창고 같은 집 몇 채가 있는 이 곳이 유명한 우다오량五道梁이었다. 이 곳의 기후 조건을 간단히 살펴보면 최한월인 1월 평균 기온이 −17.3℃, 최난월인 7월 평균 기온이 5.5℃, 연평균 기온은 −5.8℃로 곡물 재배의 한계 온도가 연평균 기온 0℃라는 것을 생각하면 가히 무시무시한 추위인 것이다.

한편 연평균 강수량은 270mm로 기후학적으로는 영구 동토요 사막과 스텝의 경계 지대이지만, 강수량에 비해 증발량이 적은 툰드라 지대로 구릉과 같이 보이는 주변 산지는 영구 빙설에 뒤덮여 있다. 융빙수가 유출되기 때문에 사방은 호소와 늪지대를 이루고 있을 뿐 아니라 염택鹽澤의 소금과 일부 백설에 뒤덮인 설와雪窪가 장관을 이룬다.

어설프게 지어진 외국인 전용 숙소라는 곳으로 안내되었는데 나무가 없으니 땔감이 있을 리 없고, 거민이 얼마 되지 않으니 석유나 석탄의 공급도 원활하지 못하다. 철제 난로가 뜨겁게 달아올라도 난로의 열기보다도 냉혹한 추위가 더욱 기승을 부린다.

어둡고 컴컴한 남포불 아래 나무침대에 아마도 몇 년 동안은 그대로 사용된 것 같은 침구가 놓여 있었다. 얼마나 추운지 우리는 방한복과 방한모를 쓴 채 침낭을 펴고 쑥찜팩 2개를 발끝과 배 위에 놓고 잠을 청하였다. 이 곳은 사람을 손님으로 대접하기는커녕 짐짝과 같이 취급한다 해도 어디에다 하소연할 곳도 없는 문명의 이방 지대이지만, 하늘을 이고 있는 지붕과 인적이 있다는 그 자체만으로도 경험하기 힘든 이 여행이 행복하기만 했다.

◐ 지평선이 보이는 끝없이 광활한 고한 초본대(高寒草本帶). 얼어붙은 강물과 멀리 만년설을 뒤집어쓴 쿤룬 산맥의 연봉이 보인다.

양쯔 강과 황하의 발원지

중국의 2대 하천인 양쯔 강과 황하는 모두 티베트 고원에서 발원하고 있다. 특히 두 강 모두 이 곳 우다오량五道梁에서 동서로 불과 500km 떨어진 곳에서 발원하다는 사실은 그야말로 신비롭고 경이적인 일이 아닌가.

양쯔 강은 우다오량 남서쪽 320km 지점의 설산 거라단둥各拉丹冬(6,621m)의 산록에서 발원하여 퉈퉈 강沱沱河이라는 이름으로 220km를 흐르다가 칭짱 공로靑

○ 왼쪽의 높은 봉우리가 거라단둥(各拉丹冬 6,621)이다. 양쯔 강은 이 곳의 설선에서 발원하여 고원상의 220km를 튀퉈 강(沱沱河)으로 흐르다가 진사 강(金沙江), 양쯔 강(揚子江) 등으로 이름을 바꾸며 장장 6,300km를 여행하고 황해로 유입되는 세계 3대 하천의 하나이다.

藏公路상의 장강원長江源 제1교를 지난다.

이 곳에서부터 퉁톈 강通天河으로 이름을 바꿔 500km를 흐른 다음, 위수玉樹 부근에서 진사 강金沙江으로 변하여 티베트 자치구와 쓰촨 성의 경계를 남류하여 윈난 성의 협곡 지대를 흘러간다. 다시 윈난과 쓰촨 성 경계의 협곡 지대를 북류하여 쓰촨 분지로 들어가 드디어 양쯔 강揚子江이란 이름을 갖게 되는데, 이후 여러 성을 거치며 동쪽으로 흘러 마침내 장장 6,300km의 멀고 먼 여행을 끝내고 황해로 유입된다.

양쯔 강은 도중에 대소 지류 700여 가닥을 아우르며 유역 면적 1,808,500km²에 이르는 세계 3대 하천의 하나로 자리매김하였다. 특히 양쯔 강은 중국의 역사와 문화 발전에 지대한 영향을 끼쳐 왔으니 그 거룩한 위엄을 어찌 말로 다 형용할 수 있으랴. 그러니 양쯔 강의 발원지 거라단둥을 바라보는 이들은 그 앞에 절로 마음이 숙연해지지 않을 수 없다.

한편 황하는 우다오량에서 동쪽으로 270km 지점에 있는 야라다쩌 산雅拉達澤山 (5,215m)의 늪 지대에서 발원하여 웨구종례취約古宗列渠를 지나 100km 지점의 자링 호扎陵湖에 들어갔다가 다시 어링 호鄂陵湖를 지난다.

그리고 어링 호를 지나면서부터 황하의 이름으로 칭하이青海, 쓰촨四川, 간쑤甘肅, 닝샤寧夏, 네이몽골內蒙古, 산시山西, 산시陝西, 허난河南, 산둥山東 등 9개 성을 거쳐 보하이 만勃海灣으로 유입된다. 황하는 하도의 길이가 5,464km에 이르는 중국 제2의 대하천이다.

02 고산병으로 거얼무까지 후퇴하다

티베트 여행은 고산병 극복으로부터

나름대로 란저우蘭州, 시닝西寧, 타얼쓰塔爾寺, 거얼무格爾木 등지에서 고도 순화 및 적응 훈련을 쌓은 다음, 점진적으로 나츠타이納赤台, 쿤룬산커우昆崙山口 (4,767m) 등지를 거쳐 티베트 고원에 진입하였다.

누구나 잘 알고 있겠지만 5,000m를 오르내리는 고도는 인간 활동에 많은 제약과 불편을 준다. 그러나 실제 느끼는 위험 지수는 상상을 초월하는 심각한 것이었다. 그 하나는 소변이 불편한 배설 장애이고, 두 번째는 땅이 흔들리는 것 같은 착각과 헛발딛기 등 산소 결핍에서 오는 두통과 구토 증세이며, 셋째는 안구와 뒷머리가 아파 의식이 흐려지는 증세 등이다. 나이가 많은 아버지는 참고 견디며 계획대로 탐사를 마무리하고 싶은데 30대 중반의 아들은 염치 불구하고 후퇴하기를 간청했다.

아마존의 비경에 견줄 만한 이 오지에 다시 온다는 것은 앞으로 필자에게는 불가능한 일로 생각되었다. 게다가 이 탐사를 위해 투자한 장비와 비용, 예비 조사에 투여한 노력과 시간만 생각해 보아도 도저히 물러설 수 없는 일이었다.

1912년에 발표한 논문과 1915년의 저서를 통하여 대륙 표이에 관한 학설을 주창한 베게너Wegener가 그의 이론을 실증하기 위해 탐사를 하던 도중, 1930년 허드슨 만 북쪽의 빙원에서 그가 이끌던 탐험대 전원과 함께 실종된 사실이 문득 떠올랐다. 또 한편으론 1990년대 초 일본의 운젠다케雲仙岳 화산 활동을 연구·취재하기 위하여 모여든 많은 과학자와 사진작가 및 기자들이 취재 활동 중 희생된 사건도 떠올렸다.

학문을 연구하는 사람이 조사 활동 중 생명을 잃거나 실종된다는 것은 안타까운 일이지만, 이는 인류 문화의 일보 전진을 위한 고귀한 희생이 아닐 수 없는 것이다. "인간의 생명은 하늘이 주관하는 것이지 사람의 뜻과는 상관이 없으니 너무 겁낼 것 없다."고 아들의 요구는 한마디로 일축해 버렸다. 생각지도 않은 교통사고로 죽는 사람, 피서지에서 예기치 않은 사고로 생을 마감하는 사람도 많은 판에, 고지가 바로 저긴데 더 이상 무엇이 두렵겠는가?

○ 밀엽군에 의해 사살된 티베트영양. 밀엽 행위는 적발되면 1만 위안의 벌금이 부과되나 근절되지 않고 있다.

그러나 사실 티베트 고원에서의 탐사 활동에 관련된 기록은 밀렵군에 의해 사살된 티베트영양과 밀렵군들과 찍은 사진 몇 장, 그 밖에 쿤룬 산지의 빙하 지형 및 양바징 지열 발전소에 대한 기록밖에 없다. 당시의 상황이 얼마나 절박했는지 단적으로 증명해 준다고 하겠다.

티베트 고원은 세계의 지붕으로 평균 고도 4,000m 이상이다. 따라서 저지대보다 산소가 30~35%가 적을 뿐만 아니라 물의 비등점도 섭씨 84~87도 내외이다. 따라서 티베트 고원의 현지 기후에 순화·적응된 사람을 제외한 대부분의 사람들은 심한 고산병에 시달릴 수밖에 없다.

○ 현지에서는 통상 짱링(藏羚)으로 불리는 티베트영양의 얼굴 생김새와 뿔을 살피기 위해 촬영하였다.

일반적으로 사람에 따라 다소의 차이는 있지만 고산 지대에서는 다음과 같은 공통된 증세를 느끼게 된다. 일반적으로 두통과 함께 가슴이 답답하고 맥박이 빠르게 뛰며 숨이 차고 호흡이 곤란하다. 또한 식욕이 부진하며 구토가 나는데 그 괴로움은 상상을 초월한다. 특히 노약자나 심폐 기능이 비정상인 사람들은 의식 불명 상태에 빠질 수도 있다. 하지만 대부분 한 달 정도 이와 같은 고통을 참고 견디면 현지 기후 환경에 적응하면 고원의 원주민과 같이 불편함 없는 행동을 할 수 있다고 한다.

필자의 경험에 의하면, 기차를 타고 일주일간 천천히 3,800m 고도인 거얼무格爾木 시에서 쿤룬 산맥을 넘어 칭짱 고원青藏高原으로 진입하는 것이 훨씬 부드러웠다. 갑작스럽게 비행기를 타고 거얼무나 라싸拉薩로 진입하면 천하 장사라할지라도 반드시 한 달간은 고통을 겪게 마련이다.

거얼무 시는 비교적 시가지가 깨끗하고 찾는 이도 별로 없지만, 라싸는 정보 제트 여객기가 청두成都에서만 하루 4편 왕복될 정도이니 아마도 세계의 여러 지역에서 찾아오는 사람들이 많은 것으로 추정된다. 따라서 고산병에 시달린 사람들이 토한 것을 여기 저기서 발견할 수 있으며 그것을 보는 이들로 하여금 연쇄반응을 일으키게 한다.

결국 충분한 시간을 가지고 기후에 적응·순화하는 것만이 상책이다. 섣부른 조급함은 도중 하차를 불러오는 결과가 되니 여유를 가지고 계획해야 한다. 현지에서 판매하는 산소 마스크의 유혹을 받지 말라. 그저 장난감에 불과하다.

차이다무 사막을 가로질러 망야(茫崖)로

1월 30일 다차이단전大柴旦鎭에서 망야茫崖(망나이)를 거쳐 뤄창若羌으로 진출하여 타클라마칸 사막의 남부, 즉 아얼진 산阿爾金山 북쪽 기슭의 오아시스로 서진하려고 하였다. 그러나 중국 국제 여행사에 지역의 사정을 알아본 결과, 예기치 않은 눈사태로 진로가 차단되어 일주일 이내에는 복구가 불가능하다는 회신이 왔

● 차이다무(柴達木) 분지를 횡단하는 무인 지대에는 30km마다 거의 비슷한 규모와 시설을 갖춘 구호소를 두어 조난에 대비하고 있다.

○ 둔황의 모가오 굴(幕高窟)은 밍사 산(鳴沙山) 아래의 강안 절벽면을 따라 1.6km 구간 내에 429개소의 석굴이 있으며 관광객을 위해 안전 통로가 있고, 굴실에는 일련 번호가 있다.

다. 할 수 없이 우리는 둔황으로 우회하기로 하였다.

덕분에 예정에도 없던 불교 성지 둔황敎煌의 모가오 굴幕高窟을 관람하게 되었는데 이 곳은 지나칠 정도로 관광 규제가 엄격했다. 굴 앞에 울타리를 설치하여 원천적으로 사진 촬영이 불가능하도록 만들어 놓았다.

모가오 굴은 속칭 첸포둥千佛洞이라고 불리는데 둔황 시 남동쪽 25km에 자리잡고 있다. 첸포 동굴을 판 곳은 밍사 산鳴沙山 동쪽 기슭의 벼랑이다. 절벽의 높이는 30m 내외이고 동서의 길이는 무려 1,600m에 이른다. 이 곳에는 모두 492개소의 석굴이 굴착되어 있으며 1,000여 좌의 불상이 있다. 굴실은 가장 큰 것이 높이 40m에 지름 30m이며 작은 것은 수십 cm에 이르는 것도 있다.

698년에 세운 리 환랑李環讓의 '모가오 굴 중수 불감비重修佛龕碑'에 따르면 이 곳에는 진나라 건원 2년인 366년에 이미 굴실 1,000여 개가 있었다고 한다. 비문에 의하면 북위, 서위, 북주, 수, 당 5대와 송, 서하, 원 등 각대에 이미 동굴 내에 벽화와 소상이 492개나 있었다. 그 중 벽화만도 45,000m^2이며 채색 불상이

2,415신身, 당·송대의 목조 건물 5좌座, 연화석주蓮花石柱 등이 있고, 꽃무늬 벽돌 수천 개로 바닥을 포장해 놓았다. 한마디로 둔황의 모가오 굴은 건축 양식 및 회화 와 조소 등 종합 예술의 극치를 이룬다.

이 곳의 조상造像들은 진흙에 짚을 섞어 반죽하여 만들고 그 위에 채색을 한 것들이다. 단 신상과 군상으로 만들어진 것이 있으며 불상이 좌선 중에는 양쪽에 제자와 보살 및 천왕, 역사 등을 적게는 3신身, 많게는 11신身이 둘러서 있는 모습을 보여 준다.

불상들 중 가장 큰 것이 33m의 높이이고 작은 것은 10cm로, 대부분 색채와 인물 및 성격이 과장되게 표현되어 있다. 한편 벽화에는 불상, 불교사적 경변, 신화, 공양인 등이 묘사되어 있음을 볼 수 있다.

○ 모가오 굴 최대의 불상이 모셔진 8층 높이의 목조 석가모니 전각.

중국 최대 규모인 이 석굴이 발견된 것은 청 광서 25년인 1899이지만 그 동안 많은 예술품들이 파괴와 도난되는 수난을 겪어 왔다. 굴 내의 설명문 여기 저기에서 미국 사람 아무개가 1930년대에 파괴하고 보물을 훔쳐갔다는 글귀가 눈에 띄어 관람자로 하여금 쓴웃음을 자아내게 한다.

모가오 군굴群窟은 밍사 산鳴沙山 북록의 웨야 천月牙泉에서 유출된 샘물로 만들어진 웨야 천月牙川을 끼고 발달하였는데 이 웨야 천에는 제법 큰 교량까지 가설되어 있다. 웨야 천月牙泉은 그 모양새가 마치 반달과 같다는 뜻에서 붙여진 이름이라고 하는데, 샘에는 수초가 많고 톄베이 어鐵背魚란 이름을 가진 물고기들이 서식하고 있다.

03 청두에서 공로 라싸로

하늘에서 내려다 본 아름다운 빙하 경관

청두를 이륙한 비행기는 잠시 후 티베트 고원의 동쪽 변두리에 해당하는 촨시 고원川西高原, 충라이 산맥邛峽山脈과 다쉐 산맥大雪山脈, 사루리 산맥沙魯里山脈을 순차적으로 횡단하였다. 눈 아래 보이는 사루리 산맥의 빙관 빙하와 멀리 차오얼 산雀兒山(6,168)과 그 동편의 간쯔(까르쩌)甘孜 빙하의 아름다운 경관을 바라보며 양쯔 강 상류인 진사 강金沙江을 횡단하였다.

뒤이어 메콩 강 상류인 란창 강瀾滄江과 살윈 강 상류인 누장 강怒江을 건너 냰칭탕구라 산맥念靑唐古拉山脈의 수없이 많은 빙하 지형을 살필 수 있었는데 너무나도 아름다웠다. 유럽의 알프스 산지나 캐나다의 로키 산맥, 특히 알래스카와 캐나다에 걸친 우랑겔 산지의 빙하 지형도 아름답지만, 티베트 고원의 빙하 지형은 그 크기나 다양성에 있어서 그들보다 월등하게 아름답다.

공중에서도 확연하게 인식되는 빙하의 삭마 지형과 침식 지형, 첨봉(horn)이나 즐상 능선(comb ridge), 권곡(Kar)과 곡빙하(valley glaicer) 외에 검은 줄무늬

○ 능선부에 빙관(氷冠)이 형성되어 있지만 기후의 온난화로 점차 축소·소실되어 가는 인상을 준다.

퇴석도 보인다. 이들 퇴석(moraine) 중에서도 2개의 곡빙하가 합쳐져 만들어진 중앙 퇴석(central moraine)과 빙하의 양측 가장자리를 흐르는 듯한 모양새의 측퇴석(lateral moraine)이 관찰되었다.

백설에 뒤덮이고 햇빛에 반사된 찬란한 빙관(ice cap)이며 고도에 따라 이들 눈이 녹아 얼음에 뒤덮인 문자 그대로의 빙관 빙하, 그리고 골짜기를 넘쳐흐르는 일류 빙하 溢流氷河 등 그 경관이 다종 다양하다.

거얼무에서 쿤룬 산맥을 넘기 전의 빙하 지형과 쿤룬산커우(4,767m)를 지나 고원에서 햇빛을 받고 있는 쿤룬 산맥의 빙하 지형은 전혀 다른 경관인데 공중에서 관찰되는 경관 또한 이색적이었다. 그러나 소형 비행기로 톈산 산맥을 넘을 때의 감동적인 빙하 지형과는 대조적으로, 비행 고도가 높아 감각이 전혀 다른 대형 여객기상에서의 관찰은 거시적인 범위에 걸친 총체적 전망과 항로상의 세부 관찰만이 가능할 뿐이었다.

◐ 설선과 비슷한 높이의 빙관 빙하와 능선 부위에 발달한 마제형(馬蹄型) 권곡은 즐상 능선과 첨봉을 만들었다.

◐ 마제형 권곡에서 형성된 빙하가 곡저로 흘러가고 있는 곡빙하.

미로 속의 포탈라 궁

라싸拉薩에 온 김에 유명한 포탈라 궁을 관람하기로 하고 쫭족藏族 안내자 라다拉達 씨와 함께 포탈라 궁을 찾아갔다. 그러나 어이없게도 매표원이 자리에 없어 입장이 불가능했다. 라다 씨에게 계속 입장을 추진하라고 지시한 다음, 포탈라 궁 문전 시장을 돌아보았다.

이 곳에서는 제법 큰 시골의 정기시처럼 잡화판 벌어졌는데 가장 규모가 큰 것은 쇠고기 시장이었다. 30마리가 족히 될 만한 분량의 쇠고기를 땅바닥 천막지 위에 펼쳐놓았는데 사가는 사람은 없고 자기들끼리 노래부르며 잡담을 하느라 여념이 없었다.

한 시간쯤 지나자 라다 씨가 찾아와 입장하자고 했다. 차량은 들어갈 수 없다고

○ 포탈라 궁에서 화려함의 극치를 이루는 금와경원 휴게소에서 포탈라 시를 바라보며 촬영하였다. 포탈라 시는 라싸 시의 일부이지만 이 곳 사람들은 라싸 시와 구별하여 부르고 있다.

○ 라싸(拉薩)란 티베트어로 성지란 뜻인데 성지 중의 성지가 바로 포탈라 궁(布達拉宮)이다. 포탈라 궁은 라싸의 홍산(紅山) 위에 13층 높이의 궁보식(宮堡式) 목석 구조로 건축된 세계적 불가사의 중의 하나이다.

했다. 걸어가는 데는 많은 산소가 필요하기 때문에 머리가 더 아프고 어지럽다. 그러나 어쩔 수 없는 터라 경사진 시멘트 포장로 위를 힘겹게 오르기 시작했다.

포탈라 궁은 라싸 시의 홍산紅山 위에 자리잡은 궁보식宮堡式 건축군으로 장족藏族 고건축 예술의 뛰어난 솜씨를 자랑한다. 포탈라布達拉 또는 쩌푸타澤普陀 라고 부르는 이 말은 범어梵語로 불교 성지란 뜻이다.

7세기에 쏭짠간포松贊干布가 티베트를 통일하여 투판吐蕃 왕국을 세우고 당의 문성文成 공주와 네팔의 왕녀를 아내로 맞이했는데 두 사람 모두 경건한 불교 신자였다. 그 후 쏭짠간포도 불교를 신봉하였으며 이 곳에 궁성을 지었다고 한다.

그러나 오늘날의 포탈라 궁은 부처의 화신 달라이라마가 있던 궁으로, 1645년 달라이라마 5세에 의해 건설되기 시작하여 완공까지 50여 년이 소요되었다고 한다. 부지 면적은 13만 m²이고 궁체주루宮体 主樓는 13층(내부는 9층)으로 높이는 117.2m, 동서의 길이는 360m의 석목조 구조인데 그 웅장한 자태에 놀라지

○ 순금으로 보탑 모양의 지붕을 덮은 포탈라궁 중심부의 금와경원.

않을 수 없다. 또한 모든 건축물이 지형을 이용한 요새화된 기세 웅장하고 휘황찬란한 군루群樓가 중첩된 구조물들로 이루어져 있다. 궁내에는 불당과 습경실習經室, 침궁, 영탑전, 정원 등 1,000여 개의 방이 있는데 구조가 매우 복잡해서 길을 잃어버릴 염려가 있으므로 각별히 신경을 써야 한다.

야루짱부(雅魯藏布) 강가의 강안 사막

부라마푸트라 강의 중상류이며 중국 영내, 즉 히말라야 산맥의 북록을 서에서 동쪽으로 흐르는 하천을 티베트에서는 야루짱부(얄롱짱보) 강雅魯藏布江이라 부른다.

야루짱부 강이 동류하다가 남류를 시작하는 만곡부에 자리잡은 난자바와(남재그바르와) 봉南迦巴瓦(7,756m)에서 라싸에 이르는 사이에는 많은 지류들이 발달해 있다. 1차 지류인 파룽짱부帕隆藏布, 이궁짱부易貢藏布, 니양취尼羊曲, 라싸拉薩 강 등은 다시 수많은 2차 지류를 가지는데 융빙수로 인해 유량이 매우 풍부하다.

◐ 라싸 부근의 야루짱부(雅魯藏布) 강은 강안 사구와 표사 현상(漂沙現象)으로 망상 수계(網狀水系)를 이루며 극심한 유로 변경이 나타난다.

그러나 지역 전체로 보면 강안을 제외하고는 건조 지역에 속하기 때문에 산지는 헐벗고 암골이 노출된 암석 사막이 발달하였고, 애추崖錐와 더불어 강안에는 수많은 부분적 강안 사막이 발달되어 있다. 강안 사막에는 훌륭한 사구 지형이 발달하는데 사구의 이동과 더불어 심한 유로 변경이 있어 일부 구간에서는 망상 수계를 나타내기도 한다. 이와 같은 현상은 라싸 공항에서 시내로 진입하는 라사 강 연안에서도 일반적으로 관찰되었다.

히말라야(喜馬拉雅) 산맥과 구조 운동

히말라야 구조 운동은 중국 지질 발전상 최후의 운동으로 지질 구조상에 중대한 영향을 주었다. 북쪽의 앙가라 대륙과 남쪽의 곤도와나 대륙 사이에 존재하던 옛 지중해인 테티스Tethys 바다가 없어지고 신제3기(Neogene)의 급격한 히말라

⊙ 헐벗은 화강암 산지에서 공급된 사질물은 바람의 작용으로 야루짱부 강가의 넓은 지역 범위에 사구와 사구성 와지를 만들어 물길에도 큰 영향을 주고 있다.

야 조산 운동이 시작되었다.

고제3기(paleogene) 중엽인 시신세 이후의 습곡과 단층 운동에 수반된 화강암의 관입과 횡와 습곡橫臥褶曲이나 충상단층衝上斷層이 이루어졌고, 계속된 융기로 히말라야 산맥과 티베트 고원이 형성되었다. 협장한 시왈리크 층은 야루짱부 하곡 남쪽의 히말라야 산맥을 만들었고, 그 북쪽으로는 옌산燕山 습곡대, 탕구라 산맥과 티베트 고원을 만들어 냈다.

오늘날까지도 융기 운동은 지속되고 있는데 그 이유는 판구조 이론상 인도-오스트렐리아판과 유라시아판의 접촉 충상대에 있기 때문이다.

세계의 지붕이란 대명사가 붙은 거대한 티베트 고원은 평균고도가 4,000m 이상이며, 시짱西藏 자치구 내에서만도 그 면적이 자그마치 120만 km²로 중국 총면적의 1/8에 해당하고 우리 국토 면적의 5배 이상이다.

04 빙하 지형과 양바징 지열 발전소

쿤룬 산맥과 티베트 고원의 빙하 지형

쿤룬 산맥과 티베트 고원 지역에 대한 답사는 공중에서의 관찰과 지상에서의 관찰이 모두 병행되었다. 육로로는 중국 국제관광공사의 마이크로버스를 대절하여 쿤룬산커우昆崙山口로 고원에 진입하여 답사하였고, 공중에서는 여객기를 이용하여 빙하 지형을 관찰하였다.

쿤룬 산맥의 북쪽 사면에는 곡빙하가 있고, 이들 곡빙하 사이의 산지에는 많은 첨봉과 즐상 산능(comb ridge) 그리고 일종의 거치상鋸齒狀의 검능(knife ridge)들이 발달하고 있다. 곡저에는 절단 산각(truncated spur)과 현벽(hanging wall)이, 설선 부근의 곡두 가까이에는 마제형 권곡(kar)들이 나타난다.

산록에는 빙하성 선상 평원(fan plain)이 나타나며 선상 평원상에는 점토질이 많이 섞인 빙력토 평원(till plain)이 나타난다. 이들 평원상에는 혹처럼 생긴 성기고 작은 빙퇴석 구릉들이 산재되어 있는데 일명 눈곱 또는 혹(knob)이라 부른다.

4,769m의 쿤룬산커우를 통과하여 티베트 고원으로 진입하면 양광에 반사된 쿤룬 산맥의 연봉들이 눈앞에 전개되는데 빙관 빙하의 아름다운 모습이야말로 천하의 기경이라 하지 않을 수 없다.

칭짱 공로青藏公路의 노면은 고르지 못할 뿐 아니라 웅덩이와 같은 와지窪地들이 많아 운전상 불안 요인이 되고 있다. 이는 자연 현상의 하나로 툰드라 지대에서

◐ 최근 들어 기후의 온난화로 빙하들이 녹아내리고 있다. 그린란드와 남극 대륙의 빙상도 1/4 정도 녹아 해류의 변화 나아가서는 기후의 변화를 유발하여 세계적인 기상 이변을 몰고 왔다.

Part 7 세계의 지붕 티베트

○ 설선 부근의 상황을 보여 주는 장면. 대자연의 고체 저수지인 빙하는 설선 부근에서 융해되어 무수한 계류천을 만들며 건조한 사막으로 흘러들어 하천 오아시스를 이루어 인간의 생활을 윤택하게 한다.

결빙과 융해의 되풀이로 생기는 열카르스트(thermo karst) 현상이다. 사실 저명한 독일의 기후학자 쾨펜의 기후 구분상으로 보더라도 세계 최대의 영구 동토 지대는 티베트 고원이다.

티베트 고원의 지질과 지형

티베트 고원은 옛날에는 칭캉짱 青康藏 고원으로 불리었으나 오늘날 중국 사람들은 칭짱 고원으로 부른다. 그러나 우리에게 친숙한 이름은 세계의 지붕으로 알려진 티베트Tibet 고원이다.

지형학적으로 티베트 고원의 분명한 한계를 긋는다면, 북쪽은 쿤룬 산맥昆崙山脈과 아얼진 산阿爾金山 그리고 치롄 산祁連山, 남쪽은 히말라야喜馬拉雅 산맥, 동남쪽은 형돤 산맥橫斷山脈 등에 의해 둘러싸여 있는 셈이다. 그리고 시짱 자치구와 칭하이 성 및 쓰촨 성의 서부 그리고 간쑤 성 남서부와 신장 남부 산지 등 그 면적은 약 250만 km²에 평균 고도도 4,000m에 이른다. 아시아 대륙의 대하천들도 대부분 이 곳에서 발원한다.

이 지역의 산들은 보통 6,000m의 높이를 나타내며 높은 봉우리에는 빙관 빙하가 발달하고 곡지에는 곡빙하가 발달한다. 뿐만 아니라 고원상에는 천연의 호소가 많으며 그 대부분이 염호이긴 해도 간혹 담수호가 분포하고 있어 주민의 생활에는 불편이 없다. 지형은 매우 복잡해서 짱베이 고원藏北高原, 짱난 곡지藏南谷地, 차이다무 분지柴達木盆地, 치롄 산지祁連山地, 칭하이 고원青海高原, 촨짱 고산 협곡구川藏高山峽谷區 등으로 분류된다.

◐ 한때 빙하의 삭마 작용으로 평탄화된 지역이 2차적으로 풍화 침식을 받아 괴이한 해골 산지로 진행되고 있으나 아직도 얼어붙은 빙식호와 곡간에 곡빙하의 잔영이 남아 있다.

한편 칭짱 고원(티베트 고원)은 그 면적이 우리 나라 전 국토 면적의 11배가 넘을 정도로 방대한 만큼, 지질의 구성도 모든 지질 시대에 걸친 지층들이 골고루 분포되어 있다. 그리하여 이들 지층에서 채집된 풍부한 화석을 기초로 비교적 상세한 연구가 이루어져 많은 보고서와 서책들이 발간되어 있다.

티베트 고원의 형성 과정을 조산 운동의 측면에서 살펴보면 다음과 같다. 우선 1차 히말라야 조산 운동은 신생대 고제3기 말인 점신세에서 시작되어 신제3기 말인 선신세에 이르러 습곡과 충상 단층 작용에 힘입어 오늘날 존재하는 거대 산맥들의 뼈대를 만들었다.

2차 히말라야 조산 운동은 제3기 말의 범세계적인 조산 운동의 일환으로 선신세 말에 시작되어 지각 변동의 여파가 제4기 홍적세까지 지속되었다. 그 결과로 티베트 고원이 융기되어 칭하이시짱靑海西藏 고원이 만들어지게 되었는데 융기 속도가 매우 빠르고 융기량도 커서 전술한 바와 같이 산지와 곡지 및 분지와 고

◐ 라싸 공항과 라싸 시 사이에 발달한 석회암의 용식 와지.

◐ 라싸(拉薩)에서 서북쪽으로 40km 지점에 위치한 구잉(古榮) 지역은 헐벗은 나지의 지형은 물론이요 지질 구조까지 훤히 들여다 볼 수 있는 곳이다.

라싸(拉薩)에서 서북쪽으로 70km 떨어진 랑바(朗巴) 지역 일대의 헐벗은 산지에서는 지형과 지질 구조를 살피기에 용이하다. 들에는 '메'라는 이름을 가진 호밀이 재배되고 있다.

원 그리고 대지가 만들어지게 되었다.

지구상 4대 열점 중의 하나인 양바징(羊八井)

티베트 고원의 열점(hot spot)을 이해하기 위해서는 우선 판구조론에 대한 이해가 선행되어야 한다.

판구조론에서는 원래 지구의 표면은 몇 개의 딱딱한 판, 즉 플레이트plate로 나뉘어져 있으며 이들 판이 용융 상태의 마그마 위에 떠서 이동하며 서로 충돌하여 판과 판이 치솟아 올라 거대한 산맥을 만들었다고 본다.

현재의 지각판 구조를 살펴보면, 구대륙에는 유라시아판과 인도-오스트레일리아판 및 그 서쪽에 아프리카판 등 3개의 큰 판 중심부에 작은 판인 중동판이 놓여 있다. 이 주요 판들의 동남쪽 변두리에 다시 작은 필리핀판이 존재하며 그 동쪽으로 거대한 태평양판이 연접하여 있다.

신대륙 쪽에는 북아메리카판과 그 남쪽으로 남아메리카판 사이에 중앙 아메리카 지협을 중심으로 한 소규모의 카리브판과 그 서쪽의 태평양 연안 쪽으로 코코스판이 존재한다. 다시 코코스판 남쪽으로 남미주 태평양 연안에서 북으로는 갈라파고스 군도와 그 남서방의 이스터 군도, 후안페르난데스 군도가 포함되는 나스카판이 있다. 이 밖에도 거대한 남극판이 존재한다.

이들 판들은 서로 접근하여 밀고 올라와 신기 습곡 산맥인 히말라야 산맥, 알프스 산맥, 로키 산맥, 안데스 산맥들을 만들어 냈다.

한편 판과 판이 서로 밀리며 파고 들어가서는 일본 열도 동쪽의 일본 해구와 필리핀 해구를 만들었고, 일부 지역에서는 판과 판이 서로 떨어져 대륙 간의 거리를 더하여 가며 현실적으로 대륙 표이(continental drift)를 실증적으로 보여 주고 있다.

독자들의 이해를 돕기 위해 지구의 단면 구조에 대해 약간의 설명을 더 첨가하

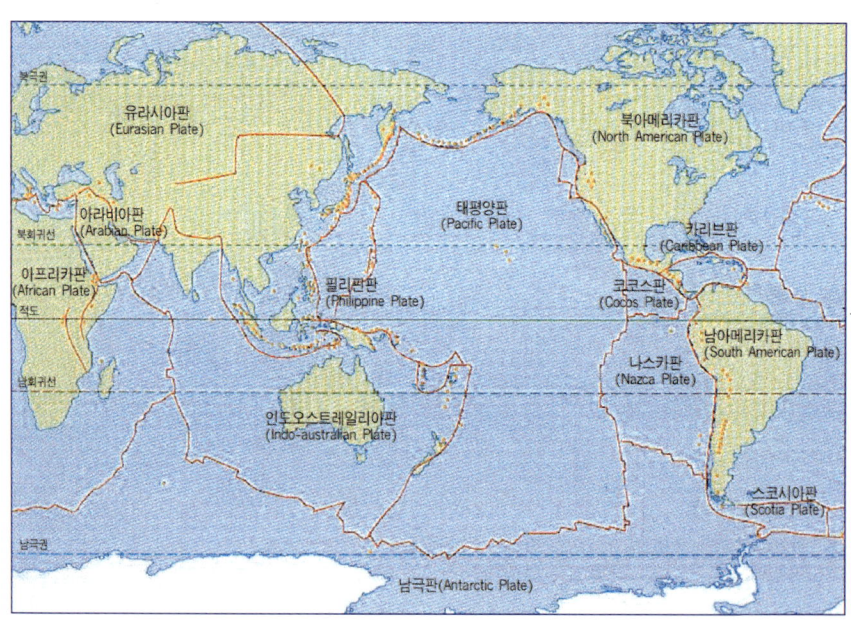

○ 세계의 지각판 구성
(판구조론)

○ 지열 발산 사례 1은 미국 옐로스톤 국립 공원에서 간헐 온천이 폭발하는 광경이다. 이 곳에서는 수백 곳의 지열 발산을 볼 수 있다.

기로 한다. 우리들이 살고 있는 지표면은 암석권과 수권, 대기권으로 구성되어 있는데 이 중 암석권 아래는 맨틀 상부에 해당한다. 마그마와 같은 용융 상태의 취약권, 일명 연약권 또는 암류권이라고 말할 수 있는 취약권 애쎄너쓰피어 asthenosphere가 있는데 바로 이 위 부분이 암석권이다.

암석권은 암류권 위에 떠서 움직이는 상태로 존재하기 때문에 판구조의 이론은 하나의 새로운 대륙 표이를 시사하고 있어, 1912년에 주창된 베게너 Wegene의 대륙 표이설을 뒷받침해 주고 있다.

사실 지표상에는 이와 같은 이론을 뒷받침하여 주는 4대 열점이 있는데 그 첫째는 미국의 옐로스톤 Yellowstone이요, 둘째는 하와이의 킬라우에아 Kilauea 화산이다. 셋째는 뉴질랜드의 화카레와레와 Whakarewarewa 간헐천 지역이고, 넷째가 티베트 고원의 양바징 羊八井 지열 발산 지대이다.

Part 7 세계의 지붕 티베트 297

◯ 옐로스톤 리버사이드(Riverside)에 있는 진흙 화산에서 발생하고 있는 '용의 포효'라는 이름의 지열 발산 장면.

이들 열점 중 양바징은 라싸 서북방 약 90km 떨어진 만년설로 뒤덮인 주변 산지를 배경으로 한 산간 분지에 자리잡고 있다. 이 곳에는 열천熱泉, 비천沸泉, 분기지열 발산噴氣地熱發散, 열수폭작熱水爆炸, 간헐천間歇泉, 열수충상熱水沖上, 열수당熱水塘, 열수소택熱水沼澤 등이 있다.

이 중 열수전熱水田 동쪽의 열수호熱水湖가 가장 유명한데 호면의 넓이가 무려 7,300m²에 이른다. 최대 심도는 16m이고 호면의 수온은 45℃로 중국 최대의 지열 발전소가 자리잡고 있다.

양바징에는 원래 티베트 지방 정부가 자리잡고 있었으나 1960년 폐쇄되고 당슝當雄 현에 편입되었다. 한편 지열 발전소 건설에 따른 열수전 구조물의 설치로 옛날의 모습은 없어지고 발전소 시설만이 벌판에 홀로 서 있다.

● 사례 3은 양바징 열수전(熱水田)으로 철근 콘크리트 구조물을 설치하여 자연미는 완전히 사라지고 열수 풀장으로 변하였다.

● 인도네시아의 수도 자카르타 남동방 145km의 반둥에서 북쪽으로 13km 지점에 있는 Tangkubanparahu 화산의 1,830m 지점에서 나타나는 수열 폭작(水熱爆炸) 광경.

○ 열수당(熱水塘)은 사진과 같은 콘크리트 구조물로 둔갑하여 천연 열수지로서의 경이로운 자연미는 찾아보기 힘들다.

양바징 지열 발전소

라싸拉薩에서 양바징羊八井까지는 90여 km의 거리에 불과하지만 양바징은 칭짱 공로상의 교통의 요지이다. 또한 이 곳은 티베트 고원 제2의 도시 르카쩌日喀則에 이르는 대동맥이기도 하다. 양바징-거얼무 간의 거리는 1,076km이며 양바징-르카쩌의 거리는 250km이다. 르카쩌에서 장쯔江孜를 거쳐 라싸에 이르는 거리는 345km로 시카쩌에서 양바징을 통과하는 거리가 더 가깝다. 그러나 이 일대의 도로 사정은 상상을 초월하는 험로여서 노면이 얼어붙는 동절기에는 상당한 어려움이 따르기 때문에 섣부른 여행 계획은 큰 사고를 유발할 수 있어 주의가 요구된다.

양바징과 나무쵸納木錯 염호 사이의 낸칭탕구라念靑唐古拉(7,111m) 봉은 만년설로 뒤덮여 있다. 나무쵸 호는 호면의 높이가 4,718m이고 양바징의 표고는 4,300m가 넘는다. 부근 일대의 강수량은 450mm 내외이나 산지에는 초목이 없고 암골岩骨이 노출되어 있어 지표 지질은 물론이요 지질 단면까지도 볼 수 있는 이점이 있어 지질을 파악하기에 매우 편리하다.

라싸와 그 이서 지역에는 중생대의 백악기 말에 관입한 화강암과 화산암질 암석들이 목격되었고, 양바징 일대는 고생대 최하부인 캄브리아계로 믿어지는 퇴적암들이 부분적으로 발견되었다.

우리는 중국 국제여행사와 티베트 여유국旅遊局의 도움을 받아 양바징 지열 발전소를 방문할 수 있었다. 티베트 고원은 넓은 지역에 걸쳐 열수 온천대가 분포하는데 다음의 4개 수열 활동대가 유명하다.

첫째는 히말라야 산구 수열 활동대喜馬拉雅山區水熱活動帶이다. 둘째는 스취안 강獅泉河에서 야루짱부 강雅魯藏布江 수열 활동대이며, 셋째는 반궁 호班公湖와 누장 강怒江 수열 활동대이다. 끝으로 짱신藏新 경계 화산 위주의 수열 활동대이며 이들 4개 수열 활동대 중 가장 유명한 곳이 바로 양바징 열수전熱水田이다.

◎ 황량한 양바징(羊八井) 산간 분지 내의 지열 발전소 전경. 종업원 사택과 송배전 시설 및 건너편에 발전 시설이 보인다.

○ 양바징 지열 발전소의 정면과 측면을 촬영한 사진들. 이 발전소는 19,000Kwh급 발전기 3대로 총 57,000Kwh의 전력을 생산하여 라싸 공항과 시내로 송전하고 있다. 배후 산지의 능선을 따라 만년설이 발달되어 있다.

중국 정부는 1970년 광둥 성의 펑순 현豊順縣 덩우鄧屋 지열 발전소를 건설하고 뒤이어 허베이 성의 화이라이懷來와 장시 성江西省의 이춘宜春 등지에도 지열 발전소를 건설하였다. 또 후난 성의 닝샹寧鄕과 산둥 성의 자오위안招遠을 비롯하여 랴오닝 성의 잉커우營口 등지에도 지속적으로 지열 발전소를 건설하여 왔다.

티베트의 지열 매장량은 전국 1위이다. 지열 발전 잠재 용량 150,000kwh의 양바징에 19,000kwh의 지열 발전기 3대를 설치하여 시설 용량 57,000kwh의 전력을 생산하여 110,000볼트의 고압 송전선으로 라싸 시에 전력을 공급하고 있다. 라싸 시 당슝 현當雄縣 구역 내의 양바징러톈羊八井熱田은 세계적인 대형 지열 에너지 매장 지역 중의 하나이다. 이렇게 중국 최대의 지열 발전 용량을 자랑하는 양바징에 습증기형 지열 발전소를 건설함으로써 티베트 고원의 전력 문제를 해결하고 더불어 지역 주민들의 문화 생활에 기여하고 있는 것이다.

양바징이란 원래 티베트 어의 '넓고 광활하다'는 뜻으로, 해발 고도 4,300m의 당슝 현내의 산간 분지이며 그 면적은 자그마치 40km²에 이른다. 이 곳에 열천熱泉, 비등천沸騰泉, 분기공噴氣孔, 열지熱池, 지열폭작地熱爆炸 현상이 나타나며 열수의 온도는 93℃에서 무려 172℃에 이르는 것도 있다고 설명하였다.

양바징 열점에서의 수열 폭작 현상은 1977년 12월 4일 하오 2시에서 3분간 있었는데 이 때 가이저geyser가 폭발하는 물기둥의 높이가 큰 폭음과 더불어 50m 상공까지 치솟았다고 기록되어 있다.

〈참고문헌〉

Part 4 남선북마 : 하이커우에서 웨이하이까지

1) 杰濕義主編, 中國岩溶遙感圖集, 重慶出版社, 1988. 重慶
2) 沈 澈著, 西南秘境萬里行, 商務印書館香港分館, 1987. 香港
3) 王曉濱著, 中國的寶島 海南, 北京週報社出版, 1985. 北京
4) 寒 溪著, 寶の島 海南, 北京週報社, 1986. 北京
5) 張桂娟責任編輯, 海南省地圖冊, 中國地圖出版社, 1992. 北京
6) 方文圖外編, 廈門, 海洋出版社, 1986. 廈門
7) 郭坤聰著, 廈門, 北京旅遊出版社, 1989. 北京
8) 李秀記主編, 中國廈門, 華藝出版社, 1989. 廈門
9) 施友義主編, 閩南風情, 華藝出版社, 1990. 福州
10) 中華大地叢書, 南國新貌, 地質出版社, 1989. 北京
11) 友義先明編, 中國福州, 華藝出版社, 1989. 福州
12) 福建文博, 創刊10周年記念號, 福建省博物館出版, 1989. 福州
13) 楊 毅主編, 福建鄕土國內統一號, 福州雜誌社, 1990. 福州
14) 陳允豪主編, 福 建, 鷺江出版社, 1987. 福州
15) 陳橋驛主編, 中國六大古都, 中國靑年出版社, 1983. 北京
16) 周潮生. 錢旭中編, 天下奇觀 錢江潮, 水利電力出版社, 1993. 北京
17) 陳伯良主編, 海寧潮文化, 海寧文史資料委員會刊, 1998. 杭州
18) 朱關良主編, 古鎭鹽官, 鹽官鎭人民政府刊, 1999. 海寧
19) 王基仁主編, 海寧民俗風情大觀, 西冷印社出版, 1999. 杭州
20) 劉華訓主編, 中國地理之最, 中國旅遊出版社, 1987. 北京
21) 李漢杰主編, 中國地名之最, 中國旅遊出版社, 1992. 北京
22) 吳 城編, 中國的世界之最, 安徽少年兒童出版社, 1985. 合肥
23) 陳橋驛主編, 中國歷史名城, 中國靑年出版社, 1986. 北京
24) 嚴重敏主編, 中國城市辭典, 內江新華印刷廠, 1992. 內江
25) 中國地理叢書, 黃河, 科學普及出版社, 1992. 北京
26) 金其銘外編, 中國人文地理槪論, 陝西人民出版社, 1990. 西安
27) 胡朴安著, 中華全國風俗志, 河北人民出版社, 1988. 武漢
28) 中華大地叢書, 錦繡中華, 地質出版社, 1988. 北京
29) 黃河責任編輯, 泰 山, 華藝出版社, 1990. 泰安
30) 周沙塵著, 中國的流泉飛瀑, 中國靑年出版社, 1987. 北京
31) 許木鐸外編, 中國風貌叢書, 古今靑島, 靑島出版社, 1988. 北京
32) 嶗山叢書, 靑島勝覽, 靑島出版社, 1987. 安丘
33) 宋景盛主編, 錦繡威海, 山東友誼書社出版, 1989. 濟南
34) 後藤基巳外編, 中國故事物語, 河出書房, 1967. 東京

35) 西村忠郎著, 中國未來論, 讀賣新聞社, 1971. 東京
36) 週刊朝日百科, 世界の地理-中國-3, 朝日新聞社, 1987. 東京

Part 5 중국의 대성벽 만리장성

1) 儲 姸著, 天 津 通, 天津科學技術出版社, 1993. 天津
2) 尹其超. 劉少白編, 煙 臺, 中國海洋出版社, 1984. 香港
3) 中國自然地理編寫組, 中國自然地理, 高等教育出版社, 1984. 北京
4) H. Wilhelmy著, 谷岡武雄譯, 地形學 1, 2, 3, 地人書房, 1980. 東京
5) 岡山俊雄. 多田文男著, 自然地理學 地形篇, 地人書館, 1975. 東京
6) 日下雅義著, 平野の地形環境, 古今書院, 1973. 東京
7) A. E. Scheidegger著, 奧田節夫譯, 理論地形學, 古今書院, 1980. 東京
8) 北京大學外地理系合編, 地貌學, 人民教育出版社, 1978. 北京
9) F. Machatschek著, 松尾新一郎譯, 地形學, 技報堂, 1975. 東京
10) 孫金鑄編, 中國地理, 高等教育出版社, 1988. 北京
11) 馮嘉蘋. 程連生編, 中國地理, 北京師範大學出版社, 1988. 北京
12) 郭欽華編, 震前奇觀, 地震出版社, 1986. 北京
13) 鄧禹仁編, 唐山地震之謎, 地震出版社, 1986. 北京
14) 鬪志沖. 姜 忠編, 地震發生之後, 地震出版社, 1986. 北京
15) 郭欽華編, 地震前後36計, 地震出版社, 1991. 北京
16) 島村英紀著 王安邦譯, 探索地震的奧妙, 地震出版社, 1986. 北京
17) 唐山地震局編, 防震減災常識, 1998. 唐山地震局, 唐山
18) 河北省教育基地資料叢書編纂委員會編, 唐山抗震記念館, 1998. 唐山
19) 防震減災宣傳, 1998. 廊坊市, 秦皇島市, 唐山市 地震局共編, 唐山
20) 周琳編, 東北氣候, 氣象出版社, 1991. 北京
21) 高木隆史著, 大地震, 金園社, 1980. 東京
22) Planet Earth Series "Earthquake" Time-Life Book Inc, 1982. U.S.A.
23) 周 易著, 921地震風景寫眞集, 文心出版社, 2000. 臺北
24) 李文芳. 嚴秉康編, 北京, 中國旅遊出版社, 1986. 北京
25) 劉月蘭. 焦維新編, 北京之最, 中國旅遊出版社, 1989. 北京
26) 鄒建華編, 中國文物之最, 中國旅遊出版社, 1987. 北京
27) 黃祖安編, 頤和園, 中國畫報出版公司, 1991. 北京
28) 진순신 지음, 정태원옮김, 중국기행, 예담, 2000. 서울
29) 북경명승, 중국에스페란토 출판사, 1999. 북경
30) 楊關林外編, 中國名勝詞典, 上海辭書出版社, 1986. 上海
31) 俯瞰北京, 北京出版社, 1990. 北京
32) 羅哲文. 趙 洛著, 萬里長城, 北京外文出版社, 1987. 北京

33) 中國大百科全書, 地理學, 中國百科全書出版社, 1990. 上海
34) 先 明主編, 內蒙古風情, 華藝出版社, 1980. 福州
35) 馮增昭主編, 鄂爾多斯地區 早古生代岩相古地理, 地質出版社, 1991. 北京
36) 劉東生主編, 黃土第四紀地質全球變化一,二集, 科學出版社, 1989. 北京
37) 趙松橋外編, 中國的干旱區, 科學出版社, 1990. 北京
38) 藪內 清著, 趙煒宏譯, 中國科學文明, 中國社會科學出版社, 1987. 北京
39) 曹玲泉編, 中國旅遊奇景, 上海翻譯出版公司, 1991. 上海
40) 陳橋驛主編, 中國六大古都, 中國青年出版社, 1985. 北京
41) 雷從雲. 楊 陽編, 西安歷史巡歷, 外文出版社, 1990. 北京
42) 劉振禮主編, 中國旅遊地理, 南開大學出版社, 1988. 天津
43) 許木鐸編, 古今青島, 中國展建出版社, 1987. 北京

Part 6 백설에 뒤덮인 알타이

1) 王振謀主編, 中國 新疆. 烏魯木齊, 新疆人民出版社, 1989. 烏魯木齊
2) Edited by the Xinjiang Pictorial Committee, Xinjiang Art Press.
3) 畵冊編委會編, 中國新疆. 喀什喝爾, 新疆人民出版社, 1989. 烏魯木齊
4) 宋士敬編, 吐魯番, 新疆攝影藝術出版社, 1988. 烏魯木齊
5) 劉卓澄編, 中國的干旱區, 科學出版社, 1990. 北京
6) 榮靈壁編, 塔里木盆地 西南緣的石炭紀地層, 地質出版社, 1984. 北京
7) 吳三保編, 羅布泊科學考察與研究, 科學出版社, 1987. 北京
8) 中國科學院 登山科學考察隊編, 托木爾峰, 新疆出版社, 1984. 烏魯木齊
9) 梁希洛外著, 新疆石炭紀頭足類, 科學出版社, 1991. 北京
10) 陳秉文外著, 新疆火山岩圖冊, 新疆人民出版社, 1989. 烏魯木齊
11) 楊漢臣外編, 新疆寶石和玉石, 新疆出版社, 1985. 烏魯木齊
12) 張溫璞編, 中國大西北, 華藝出版社, 1987. 烏魯木齊
13) 梁 楓編, 烏魯木齊旅遊, 新疆人民出版社, 1987. 烏魯木齊
14) 趙世杰編, 阿勒泰地區槪況, 新疆人民出版社, 1989. 烏魯木齊
15) 劉華訓著, 中國名湖志典, 中國旅遊出版社, 1990. 北京

Part 7 세계의 지붕 티베트

1) 金又寬著, 地形學, 螢雪出版社, 2000. 서울
2) 權赫在著, 地形學, 法文社, 1990. 서울
3) 北京大學外六個大學 地理系合編, 地貌學, 人民教材出版社, 1978. 北京
4) 楊景春編, 地貌學教程, 高等教育出版社, 1985. 北京

5) 嚴欽尙. 曾昭璇主編, 地貌學, 高等敎育出版社, 1985. 北京
6) 李 博外著, 中國的草原, 科學出版社, 1990. 北京
7) 李鸿杰外編, 黃河, 科學普及出版社, 1992. 北京
8) У.И.莫伊謝延科著, 高莉靑譯, 地热硏究與應用, 地震出版社, 1990. 北京
9) 中國科學院編, 中國氷川槪論, 科學出版社, 1988. 北京
10) 〈Planet Earth〉 Series, "Glacier" Time-Life Books Inc, 1982. U.S.A.
11) M. Hambrey, J. Alean, "Glaciers" Cambridge Univ. Press, 1992. U.S.A.
12) National Geographic Atlas of the World 2000. N.Y.
13) 劉長久著, 中國名勝經典 雪域高原西藏, 四川美術出版社, 1998. 成都
14) 鄭偉明著, 西藏旅遊資料手册, 利源書報社有限公司, 1986. 香港
15) 人民中國出版社刊, Tibet民主改革30年, 外文出版社, 1990. 北京
16) 外文出版社刊, 世界屋蓋Tibet, 外文出版社, 1990. 北京
17) Simon Normanton, TIBET, Penguin Book Ltd, 1988. London
18) D. Bonavia & M. Bartlett, TIBET, Guidebook Co, 1981. Hong Kong
19) 馬耀俊. 周錦淩編, 靑海.西藏, 雅苑出版社, 1987. 香港
20) 蘇宗偉責任編輯, 西藏地層, 科學出版社, 1984. 北京
21) 中國地質科學院 地質硏究所編, 中國古地理圖集, 地圖出版社, 1985. 北京